IT 업계에서 살아남기

IT 업계에서 살아남기

초판 1쇄 인쇄 | 2021년 4월 15일
초판 1쇄 발행 | 2021년 4월 20일

지 은 이 | 알렉스
발 행 인 | 이상만
발 행 처 | 정보문화사

책 임 편 집 | 노미라
편 집 진 행 | 정수향
교정 · 교열 | 안종군

주   소 | 서울시 종로구 동숭길 113 (정보빌딩)
전   화 | (02)3673-0114
팩   스 | (02)3673-0260
등   록 | 1990년 2월 14일 1-1013호
홈 페 이 지 | www.infopub.co.kr

I S B N | 978-89-5674-908-2

※ 책값은 뒤표지에 있습니다.
※ 잘못된 책은 구입한 서점에서 바꿔 드립니다.

실무자를 위한 생존 경쟁

IT 업계에서
살아남기

알렉스 지음

정보문화사
Information Publishing Group

머리말

이 책은 IT 직종에 종사하고 있는 여러 친구 및 선후배와의 대화를 통해 우연히 구상하게 되었습니다. 회사도 다르고 처한 상황도 다르지만, 신기하게도 동일한 패턴의 문제가 지속적으로 발생하고 그로 인해 힘들어하는 공통적인 지점이 많았습니다. 또한 경력이 대부분 10~20년 사이가 되다 보니, 대다수 사람들이 회사 내 본인의 입지와 은퇴 후 어떻게 먹고살 것인지 등 주로 현실적인 고민들로 마음 한편에 늘 공허함을 가지고 있었습니다.

그들과 필자가 겪은 다양한 에피소드와 대화로 나누던 해결 방법을 체계적으로 정리했습니다. 사원, 대리 때는 앞만 보고 일하느라 주변 상황이나 본인의 입지에 대해 깊이 생각하지 못하는 경우가 많습니다. 하지만 직장 내에서 위치가 올라가면 전에 경험하지 못했던 상황에 직면합니다. 대처를 제대로 하지 못할 경우 업무를 매끄럽지 않게 수행하게 되고 그로 인해 불필요한 에너지를 쓰게 됩니다.

일을 잘하기 위해서는 자신의 이력에 책임을 지고 주변 상황을 컨트롤하면서 생활하는 자세가 기본이 되어야 합니다. 물론 주변에 이미 그렇게 하고 있는 사람들이 있을 수도 있습니다. 하지만 그들에게 일일이 도움을 받기는 어렵습니다.

필자는 IT 직군 생활에서 벌어질 수 있는 여러 상황에 대해 가능한 구체적인 사례를 통해 개개인이 인생을 낭비하지 않고 쉽게 대응하면서, 인생의 전환주기에 헤매지 않도록 독자 여러분께 이정표를 드리고자 합니다. 회사 생활은 즐겁지만은 않습니다. 하지만 업무를 좀 더 수월하게 하는 방법은 분명히 존재합니다. 일반 기업의 IT 계열에서 은퇴하는 시점까지 기술력으로만 생활하기는 쉽지 않습니다. 결국 누군가는 그것을 써야 하고 그것을 쓰기 위해서는 명분이 있어야 합니다. 명분은 관련된 영역에 대한 비즈니스의 이해에서 나옵니다.

특정 업무를 진행할 때 주변에서는 무수한 상황이 발생합니다. 각 상황에 현명하게 대처해야 합니다. 정답이 없는 일이지만 그 상황에 맞는 정확한 방법은 있습니다. 그런 방법들에 대한 고민이 독자 여러분의 회사 생활에 좋은 영향을 끼칠 것은 자명한 일이라고 봅니다.

끝으로 이 책을 쓰는 데 많은 아이디어와 도움을 준 IT의 오랜 친구들과 선후배들에게 감사하며 책을 쓰는 동안 아낌없는 응원을 준 어여쁜 아내와 아이들에게도 감사의 인사를 전하고 싶습니다.

겨울 산이 바라다보이는 창가에서 알렉스

추천사

추천사를 요청받고 직장 생활을 회고하게 되었습니다. 오랜 기간 IT 업계에 몸담으며, 다양한 업무에 대한 경험과 여러 유형의 사람들과 함께 일하면서 희로애락(喜怒哀樂)을 겪은 당사자로서 이 책에 공감 가는 부분이 많았기 때문입니다. "내가 이 책을 20여 년 전에 알았다면, 지금과는 다른 삶을 살지 않았을까?" 생각하게 되었습니다.

이 책은 IT 분야의 손자병법입니다. 흔히 『손자병법(孫子兵法)』을 '시공을 초월한 전쟁론'이라고 평가합니다. 수많은 세월이 흘렀으나 여전히 전장의 지침서로, 회사 경영의 나침반으로 활용되고 있기 때문입니다. 이제 막 사회 초년생으로 IT 업계에 발을 내딛는 신입사원이나, 개발자, 시스템 엔지니어의 역할에서 IT 생애 주기 변화에 따라 IT 기획 및 IT 관리 업무를 담당하는 경력직 직원에게 꼭 필요한 책이라고 말씀드리고 싶습니다.

먼저 IT 업무를 수행하는 사람들을 업무 수행 습성과 개인별 특성에 따라 지도자형 IT, 백성형 IT, 노예형 IT로 분류하고 있습니다. 이러한 분류를 통해 다른 업무 성향을 가지고 있는 동료나 선후배의 행동 양식에 대한 이해와 함께 이들과 IT 업계에서 조화롭게 일할 수 있는 방안을 제시합니다.

저자는 다년간의 업무 경험을 바탕으로 IT의 주요 업무를 구분하여 이를 '헬프데스크의 장', 'IT 프로그래머의 장', 'IT 기획 및 운영 업무의 장', '공통 업무의 장'으로 나누고, 업무에 대한 개요, 수행 사례에 대한 소개와 각 업무에서 발생할 수 있는 주요 상황과 이에 따른 대응 방법을 소개합니다.

저자의 경험과 노하우를 근거로 상황에 맞는 대응법에 대해서 사례를 기반으로 설명하고 있는 것도 큰 특징입니다. 사내 정치에 관심이 없거나 사내 정치 상황에서 상대방의 의도와 정치 역학 상황을 이해하는 데 필요한 조언을 들을 수 있습니다.

저 또한 처음 IT 분야에 발을 들였을 때는 "업무만 잘하면 되겠지?"라는 순수한 마음을 가지고 일했습니다. 20년이라는 시간 동안 다양하기도 하고 황당하기도 한 상황을 겪을 때마다 경험 있는 선배나 존경하는 상사로부터의 조언이 절실했던 적이 많았습니다. 하지만 현실적으로 그런 조언자를 찾기는 쉽지 않습니다.

이제 막 IT 업계에 들어온 사회 초년생이나 직장인 생애 주기의 변화나 사내 정치로 인해 고민하는 경력 사원들, 어려움을 겪고 있는 독자 여러분께 이 책이 칠흑같이 어두운 길을 안내해줄 안내서이자 올바른 길로 인도하는 등대지기와 같은 든든한 조언자가 되리라 생각하며, 강력 추천합니다.

IT 업계 20년의 컨설턴트

차례

04 IT 기획 및 운영 업무의 장

05 공통 업무의 장

시작하며

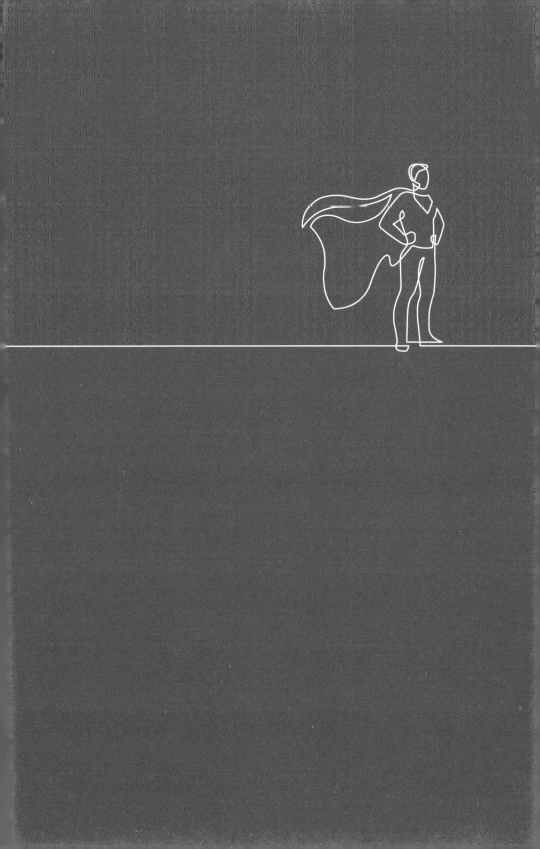

IT 업계에서 생활한다는 것

이 책을 쓰게 된 이유는 다음과 같습니다.

첫째, IT 업계에서 수시로 발생하는 불분명한 업무 상황으로 인한 피해를 최소화하기 위해서입니다.

둘째, 주변의 도전에 적절하게 대응하고 합리적인 의사결정을 하는 데 도움을 주기 위해서입니다.

셋째, 디지털 트랜스포메이션(Digital Transformation) 또는 제4차 산업혁명이라는 시대의 거대한 흐름 속에서 인공지능(AI), 빅데이터(Big Data), 클라우드, 인프라 등과 같은 다양한 신기술을 바탕으로 IT를 운영하고 자신과 조직의 미래를 위한 중장기 IT 전략을 어떻게 수립하는 것이 좋은지를 실무자 수준에서 고민하기 위해서입니다.

사회생활 초창기, 필자는 'IT 영업'을 담당했습니다. 그 때문에 여러 업체를 돌아다니며 프로그램을 홍보하거나 설치하는 등 바쁜 나날을 보냈습니다. 외근이 없는 날은 임직원들의 고장난 PC를 수리하는 것도 중요한 일과 중 하나였습니다.

IT 업계에 처음 발을 들이면 보통 프로그래머나 시스템 엔지니어로서의 역할을 수행하게 됩니다. 그러다가 어느 순간부터 기획, IT 운영, 영업 등으로 업무가 확장되거나 전환됩니다. 정년퇴직을 할 때까지 프로그래머나 엔지니어로 생활하고 싶어도 현실은 그렇지 않습니다. IT 업계에서 프로그래머로 남는 방법은 프리랜서가 되는 수밖에는 없습니다. 사실 프리랜서의 미래는 매우 불확실합니다. 또한 나이가 들수록 일할 기회가 적어지고 집중력이 떨어져 프로그램을 작성하기도 힘들어집니다.

물론 앞만 바라보며 열심히 사는 것도 중요하지만, 직급의 변화에 따라 전략적으로 접근하는 것도 중요합니다. 때로는 주변 상황을 본인에게 유리하게 만들기 위해 큰 틀을 깰 수도 있어야 합니다. 아무런 행동도 하지 않으면 아무런 변화도 일어나지 않기 때문입니다.

주변 사람들은 타인이 승승장구하는 것을 원치 않습니다. 우리 주변에는 타인의 성공을 시기하고 어떻게 해서든 남을 앞서고자 하는 사람이 많습니다. 이런 상황에 대처하기 위해서는 업무의 흐름을 파악하고 자신이 처한 상황을 정확히 예측하는 능력을 키워야 합니다. 이는 전략가만이 할 수 있는 일이 아닙니다. 이러한 노력이 바탕이 돼야만 난관을 슬기롭게 헤쳐나갈 수 있습니다.

필자는 정보 통신업계에서 프로그래밍, IT 기획, 운영 업무 등을 담당했습니다. 프로그래머로서 나름 굵직한 업무도 수행했고 서버 및 스토리지 구매, 세팅 등과 같은 인프라 업무에도 참여했습니다. 이후 IT 기획 운영 업무를 맡게 되면서 더 많은 것을 얻을 수 있었습니다. 이러한 생활 속에서 IT 업무와 자원을 연관 지어 조망해볼 수 있는 시각도 갖게 됐습니다.

IT 기획 운영 업무는 우연한 기회에 맡게 됐습니다. 당시 IT 기획 운영 업무의 범위는 상당히 광범위했습니다. 그러다 보니 IT와 관련된 온갖 이슈에 시달렸고 담당자를 정하기 모호한 일들을 항상 도맡아 처리해야만 했습니다. 남 앞에 나서길 좋아하는 성격이 아닌데도 어느 순간 맨 앞에 서서 총대를 매야 하는 상황도 비일비재하게 일어났습니다. 문서 작업, 각종 서베이/트렌드 조사 등과 같은 업무의 강도도 나날이 높아졌습니다. 외롭고 힘든 나날의 연속이었습니다.

매년 인사고과 시즌이 되면 팀장들은 "나는 ○○씨가 평소 무슨 일을 하는지 잘 모르겠다."는 말만 반복했습니다. 저는 그야말로 하루종일 보고용 문서 또는 계약서를 작성하거나 IT 비용 정리, 사내 PC 보급과 같은 자질구레한 일을 수행하는 단순 노무직에 불과했습니다.

필자는 인사고과에 신경을 쓰지 않았습니다. 그냥 열심히 일하면 언젠가 알아줄 것이라 생각했기 때문입니다. 하지만 오랜 시간이 지난 후에야 다른 사람이 IT 기획 운영 업무를 꺼리는 이유를 알 수 있었습니다. 그것은 바로 아무리 열심히 일해도 전혀 티가 나지 않는 일이기 때문입니다.

IT 조직에서는 거의 매일 다양한 이슈가 발생합니다. 때로는 시골의 5일장처럼 시끄럽기도 하고 때로는 전쟁터처럼 살벌한 상황이 펼쳐지기도 합니다.

군 장교의 역할은 전쟁 상황을 냉철하게 분석해 승리를 쟁취하는 것입니다. 이는 IT 기획 및 운영 조직의 역할과 일맥상통합니다. 왜냐하면 IT를 중심으로 복잡하게 얽힌 상황을 정리하고 해결함과 동시에 다음에 벌어질 이슈에 대비해야 하고 이해당사자 중 적대 세력을 분류해 적절하게 대응해야 하기 때문입니다.

다른 업계도 마찬가지겠지만 IT 업계에도 생애 전환기가 찾아옵니다. 생애 전환기에 아무것도 하지 않으면 생태계에서 도태될 확률이 높아집니다. IT 생애 전환기는 IT 직군의 인생에서 중요한 전환점을 만드는 시기입니다. 따라서 평소 자신만의 영역을 구축하는 한편, 주변 환경에 적절히 대응하면서 주어진 역할을 잘 수행할 수 있는 환경을 정비하는 것이 중요합니다.

IT 회사에서 선임이 된다는 것은 IT 생애 전환기에 도달했다는 것을 말합니다. 이 시기에는 수행 중인 업무에 대한 관점을 새롭게 정립하고 행동양식의 틀을 만들어야 합니다.

생애 전환기는 사소한 실수로 입지가 흔들리거나 인사 불이익을 받는 시기이기도 합니다. 따라서 말 한마디, 행동 하나하나를 조심해야 합니다. 또한 정확한 판단, 선제적 대응 등을 통해 상황을 본인에게 유리하게 전환할 수 있는 방법을 끊임없이 모색해야 합니다.

아울러 주변 사람들의 성향을 잘 파악해야 합니다. 불가피하게 업무 수행 중에 입게 되는 피해를 최소화하기 위해서는 주변 인물에 대한 관찰을 통해 개별 성향을 파악하고 그 성향에 맞게 행동하는 전략이 필요합니다.

누구와 일하는가?

개인의 성격과 처한 상황이 각각 다르기 때문에 주변에서 믿고 일할 만한 사람을 분류하는 기준도 천차만별입니다. 이때에는 각 구성원이 갖고 있는 성향을 기준으로 판단해야 합니다. 피아 식별은 반드시 선행돼야 하는 절차입니다. 피아 식별이 분명하지 않으면 나중에 피해를 입게 될 수도 있습니다. 누군가와 처음 업무를 함께 진행하게 된다면 사전에 평판을 들어보시기 바랍니다.

IT 업무 성향 분류

IT 업무의 유형은 크게 지도자형 IT, 백성형 IT, 노예형 IT로 나눌 수 있습니다. 지도자형 IT는 신기술을 좋아하며 남들보다 먼저 습득하고 조직을 선도하는 유형, 백성형 IT는 신기술에 관심이 있고 주어진 업무를 수행할 수 있을 만큼의 역량만을 보유하고 있는 유형, 노예형 IT는 신기술에는 관심 없고 오로지 월급만을 중요하게 생각하는 유형을 말합니다.

이 중 노예형 IT는 어떤 조직이든 존재합니다. 이들은 높은 역량을 지닌 직원의 업무에 편승해 생활하는 경향이 있습니다. 노예형 IT는 정상적인 직원의 업무 의욕을 꺾는 존재라 할 수 있습니다.

세 가지 유형 중 생애 전환기에 가장 긍정적인 영향을 미치는 사람은 '지도자형 IT'입니다. 지도자형 IT는 자신의 성장과 타인의 성장을 동일시합니다. '백성형 IT'는 일정 시간이 흐르면 성장이 정체됩니다. 단순히 자신에게 주어진 일만 하는 사람은 우리 주변에서 흔히 볼 수 있기 때문입니다. 백성형 IT가 한계점을 극복하는 방법은 지도자형 IT로의 전환을 꾀하는 것뿐입니다. 단순히 승진만을 의미하는 것이 아닙니다. 내공이 축적되고 이 축적된 내공이 회사 업무 생활에 적용되면 중요한 업무 기회가 지속적으로 주어집니다. 이러한 업무 내공은 책으로 배울 수 있는 것이 아닙니다.

IT 조직은 회사에서 어떤 의미를 지니고 있을까요? PC와 관련 있는 업무를 수행하는 조직일까요, 프로그램을 만드는 조직일까요, 아니면 PC를 구매할 때 도움을 주는 조직일까요?

사람들은 흔히 'IT 조직은 회사의 디지털화를 선도하는 조직'이라고 이야기합니다. 그러나 IT 조직은 '업무 지원'이라는 태생적 한계가 있습니다. 이러한 특성은 오랜 세월이 흘러도 변하지 않습니다. 다음으로 IT는 무엇이고, 무엇을 위해 존재하는지, 어떤 사람들로 구성돼 있는지에 대해 알아보겠습니다.

IT란 무엇인가?

인간의 속성

원시 수렵 사회에서는 한곳에 정착해 부족 사회를 발전시켜 나갈 수 있는 여력이 충분치 않았으므로 주변의 부족 및 맹수의 위협으로부터 스스로를 지키는 것이 가상 중요했습니다. 이후 같은 이해관계를 가진 부족이 연합해 초기 형태의 국가가 만들어졌습니다. 원시 국가의 성립을 통해 왕권이 강화되고, 강화된 왕권을 기반으로 더욱 나은 기술과 자원을 얻기 위해 타 국가와 끊임없이 전쟁하게 됩니다.

세계사는 전쟁의 역사이기도 합니다. 생존을 위해 이익을 추구하는 것은 고대나 현대나 마찬가지입니다. 이는 타인에 대한 배려, 타인과의 화합보다 우선시되는 가치이며, 흔히 문명이라 일컫는 예의와 법규에 의해 제어되고 있을 뿐입니다.

『삼국지』의 책사인 제갈공명은 뛰어난 전략을 세워 유비를 지원합니다. 촉나라뿐 아니라 다른 나라의 책사들도 온갖 전략을 세워 자신의 군주가 전쟁에 승리하도록 최선을 다합니다. 이 전략에는 충신에 대한 모함, 타 국가의 신하와 군주와의 이간질 등이 포함돼 있습니다.

회사 내에도 모략과 음모가 존재합니다. 다만 과거와 달리 좀 더 세련된 형태라는 차이가 있을 뿐입니다. 겉으로는 웃고 있지만 속으로는 특정인 및 해당 조직의 사회적·경제적 이익의 극대화를 추구합니다. 이런 경험이 전혀 없다면 입사한 지 얼마 되지 않았거나 묵묵히 주어진 상황에서 열심히 일만 하고 지내왔다는 방증일 수 있습니다.

사내 정치 시에는 업무를 원활하게 수행하기 위한 스토리텔링, 이해관계가 상충하는 타 부서와의 제휴, 방해되는 인물 배제 등과 같은 다양한 상황을 고려해야 합니다. 하지만 사내 정치는 회사의 발전과는 거리가 있습니다. 업무를 둘러싼 상황에 대한 전략 수립 및 대응을 통해 다른 사람보다 유리한 위치를 점유하는 데 초점이 맞춰져 있기 때문입니다. 이것이 바로 사내 정치의 본질입니다.

사내 정치만 잘하면 열심히 일을 하지 않아도 회사 내에서 생존할 수 있을까요? 업무는 능력 있는 다른 사람이 하고 상사의 비위를 맞춰주기만 하면서 말입니다. 하지만 안타깝게도 우리 주변에는 실제로 일은 하지 않고 일하는 흉내만 내는 사람이 승승장구하는 경우를 흔히 볼 수 있습니다. 보통 사람에게는 '일하는 것'이 '정치하는 것'보다 쉽지만, 회사의 업무를 자기 혼자 다 하는 것처럼 말하는 사람들에게는 정치가 더 쉬울 수 있습니다.

회사 생활에서 '업무 능력'과 '사내 정치'는 둘 다 중요합니다. 두 가지의 균형이 깨지면 손해를 입는 상황이 발생합니다. 본인의 업무적 성과만으로는 절대 살아남기 어렵습니다. 왜냐하면 다른 사람은 타인의 업무 성과에 관심이 없고, 상사가 본인의 업적으로 만들 수도 있으며, 다른 사람의 성과를 축하해주기보다는 가능한 한 축소하기 위해 노력하기 때문입니다.

이러한 상황에서는 본인의 성과를 남에게 인정받기 어렵고, 설사 직장에서 살아남는다 하더라도 남의 업무를 보조하거나 본인이 책임지지 않아도 될 일까지 책임져가면서 근근히 연명할 수밖에 없습니다. 또한 업무 역량을 키우지 않고 정치에만 신경을 쓰면 주변 동료들의 도움을 받기 어려워져 업무를 제대로 수행하기 어려워집니다.

조직에서는 본인의 주장에 대한 반대 의견이 생길 것이 두려운 나머지 일방적인 의사결정을 내리는 경우가 많습니다. 자신의 결정이 최선이라고 믿으며 상대방의 의견을 그 틀 안에서만 해석합니다.

조직 내에서 타인의 조언을 귀담아듣는 사람은 찾기 힘듭니다. 이는 교육 수준이나 업무 수준의 높고 낮음과는 상관없는 인간의 본질적인 속성입니다. 선입견 같은 인지 편향을 통해 사물과 사람을 판단하고 자신이 원하는 정보만 취득하려고 합니다. 또한 자신이 속해 있는 조직 안에서 입지를 다지는 데 방해가 되는 사람을 적으로 규정하고 업무 환경에서 배제시키려고 합니다.

인간은 첨단 기술을 만들고 다룰 수 있는 지구상의 유일한 생명체이기도 하지만 매우 불완전한 존재이기도 합니다. 따라서 이러한 인간의 속성을 고려해 대응 전략을 수립해야 합니다.

IT 기술의 의미

스탠리 큐브릭 감독의 영화 〈스페이스 오디세이〉에는 원시인들이 모노리스를 만지면서 지능이 갑자기 폭발적으로 증가하는 장면이 나옵니다. 이 영화 속 원시인들은 동물의 뼈를 이용해 다른 종족을 무찌른 후 승리의 기쁨에 취해 뼈를 하늘 높이 던집니다. 그다음 장면에서는 이 뼈가 공중에서 회전하다가 갑자기 우주선으로 바뀝니다. 인류의 발전을 단 1초로 묘사한 것입니다.

2001년 스페이스오딧세이

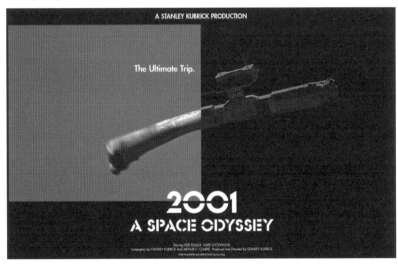

(출처: YouTube 2001 Space Odyssey)

인류는 수백만 년에 걸쳐 발전해왔습니다. 수없이 많은 시행착오 속에서 기술 문명을 발전시켜온 것이죠. 신석기 시대에 사용했던 도구는 돌칼에 불과했지만, 지금 캘리포니아 들판에서 오렌지를 수확하는 도구는 거대한 트랙터입니다. 기술의 눈부신 발전으로 원시인 수천 명이 수확해야 할 오렌지를 트랙터 한 대가 수행할 수 있습니다.

기술은 비용을 최소화하기 위한 최고의 결정체입니다. 예전에는 서당에서 교육을 받았지만 근대 이후에는 신식으로 바뀌었습니다. 그러나 PC를 일상적으로 사용하고 도시화와 산업화로 인해 사회가 고도화된 지금, 우리는 어떻게 살고 있을까요? 물론 전쟁에서 이기기 위한 수단으로 개발된 기술도 많습니다. PC는 영국이 제2차 세계대전 때 독일의 암호를 해독하기 위해 개발됐고, 인터넷은 미국 국방부에서 중요 군사 정보를 편리하게 보관하기 위해 개발됐습니다. 핵 전쟁으로 지휘 본부가 없어지더라도 중요한 군사 정보가 제3의 장소에 보관돼 있으면 전쟁을 수행할 수 있기 때문입니다. 내비게이션도 이러한 기술 중 하나입니다.

기술은 지금 이 순간에도 계속 발전하고 있습니다. 하지만 발전 여부와는 상관없이 이 기술을 사용하는 인간의 속성은 원시 시대와 크게 다를 바 없습니다. 인간은 자신의 이익을 추구하고 항상 자신에게 유리한 상황을 만들기 위해 노력합니다. 본인보다 능력이 뒤처지는 동료가 먼저 승진할 경우 겉으로는 축하의 말을 건네지만, 속으로는 그 사람을 끌어내릴 수 있는 방법이 없는지 고민합니다. 이것이 바로 인간의 본질입니다.

IT 생존을 위한 사전 준비 사항

신석기 시대의 생존 도구는 '돌도끼'였습니다. 원시인들은 이 돌도끼를 이용해 사냥을 하거나, 곡식을 수확하거나, 다른 부족과 전쟁을 했습니다. 현대 사회에서 원시인의 돌도끼 역할을 하는 것은 바로 'PC'입니다. 현대

인은 PC를 이용해 집에서 게임을 즐기거나, 영화를 보거나, 음악을 듣고 회사에서는 프로그래밍을 하거나 문서를 작성합니다. 이를 개인적인 면에서 볼 때는 '자기만족'의 도구이지만, 대외적인 면에서 볼 때는 집단에서 인정받는 도구가 됩니다. 집단에서 인정받게 되면 다양한 이벤트가 발생합니다. 예를 들어 타인의 모함으로 인해 억울한 상황이 생기거나 타인과의 협업이 필요해지는 상황이 생길 수도 있습니다.

생존을 하기 위해서는 도구를 둘러싼 다양한 상황을 철저하게 분석해야 합니다. 주변 상황 분석을 바탕으로 회사 생활을 설계해야만 조직에서 살아남을 수 있습니다. 프로그래머나 시스템 엔지니어도 예외는 아닙니다.

도구를 잘 사용해야 조직에서 생존할 수 있는 것은 아니지만, 도구를 잘 사용하지 못하면 튼튼한 성을 쌓을 수 없습니다. 기본적으로 도구를 잘 사용하는 실력을 갖추고 이를 바탕으로 회사 내에서의 입지를 굳혀야 합니다. 그리고 굳혀진 입지를 이용해 자신의 이익을 최대화해야 합니다.

필자는 다른 사람에 비해 이직을 많이 한 편입니다. 이 과정에서 IT 헬프데스크, 프로그램 기획, 개발, 매뉴얼 작성, 설치, 사용자 교육, 전산실 구축, 솔루션 구축 등과 같은 다양한 IT 관련 경험을 할 수 있었습니다. 다음 장에서는 각 분야별 최선의 업무 수행 방법이 무엇인지, 다양한 이해관계자에게 어떻게 대응해야 하는지 알아보겠습니다.

업무의 장

IT 업계에서 일하고 있습니까?

　주변 사람들에게 IT 업계에 종사하고 있다고 말하면 매우 호의적으로 대한다는 느낌을 받을 수 있습니다. 여러 가지 이유가 있겠지만, 일반 사람들이 모르는 미지의 영역이기도 하고 첨단 업무를 수행하고 있는 전문직 같은 느낌이 들어서 그럴 것이라 생각합니다. 하지만 실제는 이와 다릅니다. 항상 긴장 속에서 생활해야 하고 업무상 압박에 시달려야 하며 하루종일 PC와 씨름해야 하기 때문입니다.

　처음 IT 업계에 발을 들여놓으면 대개 시스템 엔지니어, 네트워크 엔지니어, 프로그래머 등으로 사회생활을 시작합니다. 어떤 일을 하든 기술을 축적하는 것이 중요합니다. 업무를 오류 없이 정확하게 수행해야 하는 것은 물론이고 같은 일을 두 번씩 하게 하는 상황은 만들지 않는 것이 좋습니다. 자신의 실수로 피해를 보는 사람이 없어야 합니다.

　주변을 돌아보면 역할이 모호해진 선임 직원을 쉽게 찾을 수 있습니다. 이들은 주어진 프로그래밍 업무에만 충실한 경우가 많습니다. 회사의 입장에서는 외부에 나가 영업을 하라고 하기도 어렵고 그렇다고 프로그래밍을 하라고 하기에는 이들의 처리 속도가 예전만 못합니다. 이들은 나름대로 열심히 살아왔지만 이대로 가다가는 도태되기 십상입니다. 허드렛일만 하다가 정리해고를 당할 확률이 높습니다. '어차피 정리해고를 당할 거라면 남들보다 5~10년 더 일하는 것이 무슨 의미가 있겠는가?'라고 생각하는 사람도 있을 수 있습니다. 하지만 이 경우에는 직장에 얼마나 다녔는지가 중요한 것이 아니라 어떻게 살았는지가 더 중요합니다. 준비돼 있는 사람에게 더 좋은 기회가 찾아오는 법입니다.

무엇을 해야 하는가?

IT 업계에서 생애 전환기의 영향을 가장 많이 받는 사람은 '고참 직원' 입니다. 어느 정도 경력이 쌓이면 과연 어떻게 IT 업계에서 오랫동안 살아남을 수 있을지 고민할 수밖에 없는 순간이 찾아옵니다. 다른 직업을 선택하지 않는 경우, 선택할 수 있는 방향은 매우 제한적입니다.

이런 상황 속에서 나이를 먹어서도 안전하게 회사 생활을 할 수 있는 방법은 없을까요? 퇴사한 후에 자영업을 할 생각이 없다면 본인 업무의 영역을 바꿔야 합니다. 다만 선택지가 생각했던 것만큼 많지는 않습니다. 실무 엔지니어 업무에서 멀어지면 IT 기획 운영 또는 대외 IT 영업이라는 두 가지 영역 안에서 본인의 입지를 다져야 합니다. 이 두 가지는 관성에 따라 수행했던 기존 업무와 달리 스스로 판단하고 결정을 내려야 하는 다소 난이도가 있는 영역입니다.

물론 새로운 업무를 맡는 것도 부담스러운 일입니다. 가뜩이나 먹고 살기도 힘든데 괜히 새로운 일을 만들어서 인생이 피곤해지는 것 같은 느낌이 들기도 합니다. 하지만 변화를 외면하고 엔지니어로 살아가는 것도 만만치 않은 일이라는 것을 잊지 말아야 합니다.

마음속에 열정이 살아 있더라도 노화로 인한 체력 저하와 함께 프로그램 개발 지능도 떨어집니다. 심지어 신입사원의 열정과 능력은 선임을 능가합니다. 회사에서도 나이 많고 돈이 많이 드는 엔지니어에 대한 선호도도 계속 떨어집니다. 결국 중년 엔지니어는 다른 회사로 이직하거나 프리랜서로 일할 수밖에 없는 상황에 직면하게 됩니다. 이런 상황에 대처하기 위해서는 IT 영업, IT 기획 등 새로운 영역을 개척해야 합니다.

IT 영업 업무

IT 영업은 소속 회사의 주력 솔루션을 이용해 고객의 요청에 맞는 시스템을 맞춤형으로 제안하고 판매하는 역할을 수행합니다. 전쟁과 비유하자면 회사의 최전방에서 보병의 임무를 수행하는 것입니다. 판로를 개척하고 고객들의 불만을 무마하며 묵묵히 회사에 돈을 벌어줍니다.

본사와 고객 사이에서 곤란을 겪는 상황에 직면하기도 합니다. 하지만 영업 사원의 업무 특성상 고객사를 본인의 인맥으로 흡수할 수 있고 계약에 성공하면 보수가 많아 보람을 느낄 여지도 있습니다.

영업할 때 가장 어려운 점은 본사와 고객사 어느 한쪽에도 치우치지 않아야 한다는 것입니다. 고객사로부터 신뢰를 얻는 것과 동시에 본사의 입장을 분명하게 대변해야 하는 경우, 이솝우화의 박쥐와 같은 입장이 될 수 있습니다. 고객사의 돌발 상황 발생 시 휴일에 상관없이 실시간으로 지원해야 한다는 것도 어려운 점 중의 하나입니다. 이미 보급한 솔루션 또는 장비의 문제로 저녁 늦게 또는 새벽에 고객사로 출동해야 하는 등 개인 생활을 희생해야 하는 부분도 많습니다.

IT 기획 운영 업무

IT 기획 운영 업무는 IT 전략 수립, 인프라 구축, 프로그램 작성, IT 시스템 운영 등 IT 조직에서 두뇌의 역할을 합니다. 쓸모없는 허드렛일을 정리해야 하는 처지에 놓이기도 합니다. 군대의 행정반처럼 진지 보수 공사 계획을 세우는 등 궂은일을 맡기도 합니다. IT와 관련된 애매한 이슈가 수시로 발생하는데, 그때마다 진단을 내리는 역할을 수행하기도 합니다. 예를 들어 바이러스 감염 발생 시 유입 경로, 영향, 조치 사항 등에 대한 보고서를 작성함과 동시에 바이러스에 대한 긴급 배치 작업을 하는 등 전방위적 이슈 상황에 긴급 대처해야 합니다.

이런 과정을 통해 의사 표현 및 의사결정 방법을 배워 나갑니다. 이렇게 생성된 생활력과 축적된 내공은 이후에 발생하는 일을 쉽게 헤쳐나갈 수 있는 원동력이 됩니다. 조직 생활에서 쓸모없는 경험은 없습니다. 당장은 쓸모없고 의미 없어 보여도 그런 경험들이 생활을 이어나갈 수 있는 능력을 줍니다.

IT 업계에서 수행해야 할 과제도 중요하지만, 그 업무를 왜 수행해야 하는지, 이것을 하면 어떤 효과가 있는지 등을 고려해 방향성을 설정하고, 의미를 부여하는 것이 IT 기획 및 운영의 역할입니다. 적어도 주요 과제의 핵심 사항을 한 줄로 표현할 수 있어야 합니다. 신문사 편집부에서 복잡한 기사의 한 줄짜리 머리기사를 뽑는 것과 비슷합니다. IT 기획 운영 업무 범위는 이와 같이 포괄적이지만, 그만큼 IT의 전반적인 상황을 다룰 수 있기 때문에 IT 생애 전환기에서 중요한 가치를 지니고 있습니다. IT 영역은 장비, 솔루션, 사람 등이 연결된 기업 문화의 복합체이기 때문입니다.

IT에서 생존한다는 것은 업무에 대한 합리적이고 효율적인 수행을 전제로 합니다. 업무 수행 시 발생할 수 있는 억울한 상황을 최소화하는 동시에 조직 내에서 쌓아올린 평판에 흠집이 생기는 것을 적극적으로 방어해야 하는 당위성도 있습니다. 물론 IT 업계에서도 『수호전(水滸傳)』의 고구(高球)처럼 특별한 실력 없이 말재주와 행운만으로 연명하는 사람도 있습니다. 하지만 대다수의 직원은 한 단계 한 단계 성장해온 사람입니다. 이들은 어려운 상황에서 살아남은 생존자일 뿐 아니라 존경받을 만한 자격이 있는 분들입니다.

IT 업무 성향별 행동 양식

IT 업계에서는 '기술력'과 '경험'이 중요합니다. 하지만 이보다 중요한 것은 같은 업무를 수행하는 동료의 성향입니다. 상대방의 성향을 파악해야 여러 상황에 적절하게 대응할 수 있습니다.

■ 지도자형 IT

- 프로젝트를 시작할 때 일을 해야만 하는 이유, 기대효과를 고민합니다.
- 자신의 업무에 영향을 받는 사람을 생각합니다.
- 어려운 업무가 생기면 스스로 해결합니다.
- 모든 일에 최선을 다하는 습관이 몸에 배어 있습니다.
- 새로운 것 찾기를 좋아합니다.
- 핑계를 대지 않습니다.
- 조직을 사조직이 아닌 공동의 목적을 달성하기 위한 공동의 조직이라고 생각합니다.
- 나를 이해시켜보라는 이야기를 하지 않습니다.
- 안 되는 이유보다는 되는 이유를 찾습니다.
- 보고 시에 핵심 포인트를 찾아 경영진을 설득할 수 있는 논리적 근거를 만듭니다.
- 윗사람에게 아부하지 않습니다.
- 주변 사람을 신뢰하며 일합니다.
- 사내 정치를 하지 않습니다.

■ 백성형 IT

- 성실하지만 새로운 것을 싫어합니다.
- 맡은 바 일은 하지만 주변에 미치는 영향은 고려하지 않습니다.
- 어려운 일이 닥치면 등 떠밀려 하는 경우가 있습니다.
- 등 뒤에서는 불평하지만 최소한의 업무는 수행합니다.
- 필요한 경우, 야근을 하거나 휴일 근무도 합니다.
- 귀찮으면 가끔은 안 되는 이유를 찾습니다.
- 적당히 정치합니다.
- 적당히 아부합니다.
- 본인과 친한 사람만을 신뢰합니다.
- 자기의 영역을 중요하게 생각합니다.
- 새로운 것을 찾지는 않지만 새로운 것을 맡게 되면 결론을 내려고 합니다.
- 지도자형 IT가 되는 것을 원치 않습니다.

■ 노예형 IT

- 지도자형 IT, 백성형 IT가 되는 것을 싫어합니다.
- 정치를 많이 합니다.
- 아부를 많이 합니다.
- 일을 제외하곤 무엇이든 좋아합니다.
- 새로운 일을 맡게 되면 언제든 받아칠 준비가 돼 있습니다.
- 관련 없는 일을 나열하고 다른 일을 들먹이면서 업무를 회피합니다.
- 열심히 일하는 사람에게 "알아주는 사람도 없는데 무슨 일을 그렇게 열심히 하느냐?"라는 말을 자주 합니다.
- 윗사람과 있을 때마다 본인에 대한 PR을 합니다.
- 회사의 힘든 일은 본인이 다하고 있는 것처럼 말합니다.
- 동료가 함께 일하기 싫어합니다.
- 본인은 실력이 뛰어난데 저평가받고 있다고 생각합니다.
- 이직하고 싶은데 갈 곳이 없습니다.
- 다른 팀에 가고 싶은데 받아주는 곳이 없습니다.
- 항상 바쁜 척합니다.
- 목소리가 크고 작은 일도 포장해서 이야기합니다.
- 홍보를 중요하게 생각합니다.
- 회의보다는 전화를 좋아합니다.
- 전화 통화를 한 시간 이상 합니다.
- 인사고과가 좋지 않으면 즉시 면담을 신청합니다.

- 본인에게 필요한 사람에게만 잘하고 나머지는 사람 취급을 하지 않습니다.
- 열심히 일하는 사람을 바보라고 생각합니다.
- 본인이 해야 할 일은 항상 다른 사람의 일이며 본인은 도와준다고 생각합니다.

특히 노예형 IT는 소시오패스(Sociopath, 반사회적 인격장애자)의 성격을 지니고 있습니다. 팀원이든 팀장이든 업무적으로 엮이면 절대 안 됩니다. 그들에게 있어 사람은 도구이며 자신의 목적을 달성하기 위한 노예일 뿐입니다. 한 번만 봐서는 절대 파악할 수 없습니다. 업무를 진행해봐야만 성향을 짐작할 수 있습니다. 소시오패스는 상사 속에도 있고, 부하 직원 속에도 있습니다. 관찰과 평판 조사를 통해 일반인 사이에 숨어 있는 그들을 찾아내야 합니다. 이런 부류의 사람들과 함께 업무를 수행하는 것을 최소화해야 합니다. 본인의 의지와 상관없이 업무를 함께 수행해야 할 경우 다른 팀으로 탈출하는 것이 최선인 경우도 있습니다. 탈출하기가 쉽지 않을 경우, 상황을 만들어 그 사람을 업무에서 배제시키거나 항상 반격할 수 있는 준비를 해야 합니다.

노예형 IT의 업무 방식에는 다음과 같은 특징이 있습니다.

첫째, 문의 사항에 대해 일단 모른 척합니다.

상사가 업무를 지시하거나 다른 동료에게 업무 협조 요청을 받으면 지금 다른 일 때문에 너무 바빠 도와줄 여력이 없다고 말합니다. 자기는 열심히 일하지만 아무도 알아주지 않고 다른 사람을 도와주는 일은 시간을 낭비하는 것이라고 생각합니다.

둘째, 책임 전가에 능합니다.

일단 주변에 있는 쉬운 먹잇감을 찾은 후 자신의 일을 넘길 방법을 모색합니다. 여의치 않으면 문의자와 장시간 통화하거나 회의하면서 업무 수행 시간을 대폭 늘립니다. 결국 상담을 하다가 상대방이 지치면 늦은 시간에 방문하겠다며 업무를 마무리합니다. 동료가 일을 마치고 돌아오면 중요한 부분은 모두 이야기했으니 직접 가서 마무리하면 된다고 업무를 자연스럽게 떠넘깁니다. 타인의 친절은 그들에겐 당연한 권리이고 타인의 시간은 본인의 삶을 위한 수단에 불과합니다.

노예형 IT 직원은 최대한 업무에서 배제해야 하며 사소한 일이라도 연관되지 않도록 철저히 통제해야 합니다. 본인보다 낮은 직급의 업무 리소스를 블랙홀처럼 빨아들이기 때문에 그들에게 인생을 낭비하지 않도록 잘 관리해야 합니다.

IT 업무 수행 시 주요 주의 사항

IT 업무는 장비 및 솔루션이 아닌 이해관계자들을 상대하면서 시작합니다. 장비와 솔루션은 이해관계자의 업무 수행을 위해 도입되는 것이고 그들과의 지속적인 교류를 전제로 하기 때문입니다.

IT 직원은 IT 조직에서 특정 업무를 수행하고 회사로부터 월급을 받습니다. 하지만 사내 정치에 밀려 다른 사람의 업무를 부당하게 맡게 되는 경우가 있습니다. 또한 회사를 위한다는 명목으로 불필요한 희생을 강요받을 수도 있습니다. 이러한 상황에 놓이면 노동에 대한 의욕이 떨어지고 삶에 대한 희망이 줄어들게 됩니다.

이런 상황을 피하려면 동료의 성향과 행동 방식, 당신이 어떤 업무를 담당하고 있고 업무의 범위는 어디까지인지를 정확히 파악해야 합니다. 본인의 업무가 스스로를 지켜주는 울타리가 되지 않으면 절대 다른 사람에게 대항할 수 없습니다. 또한 자신의 업무에서 문제가 발생하지 않도록 해야 다른 사람에게 빌미를 제공하지 않을 수 있습니다.

자신이 맡은 역할을 완벽하게 수행하고 이해관계자에 대한 대응을 잘해야 하는 이유는 IT에서 살아남기 위해서입니다. 이는 단순히 생명을 연장하는 것만을 의미하는 것이 아니라 주체적인 위치에서 조직 생활을 영위하는 것을 말합니다. IT 생애 전환 주기를 슬기롭게 보내기 위해서는 항상 깨어 있어야 합니다. 다른 사람들보다 유리한 위치를 선점해야 합니다.

조직 내 이해관계자들 중 특히 겉과 속이 다른 사람들을 요주의 인물로 분류한 후 대화를 최소화하고 그들을 항상 관찰해야 합니다. 그리고 그들의 행동과 말 한마디에 즉각적인 반응을 보여야 합니다. 물론 회사에는 성실하고 착한 사람도 많습니다. 이런 사람은 대부분 약자이고 장기판의 말처럼 이용만 당하는 경우가 많습니다. 다시 한 번 강조하지만 자신이 장기판의 말이 되지 않기 위해서는 주어진 업무를 완벽하게 수행하고 다른 사람이 나를 이용할 수 없도록 자신만의 영역을 구축해야 합니다. 다음 장에서는 IT 입장에서 업무를 합리적으로 처리하는 방법과 IT 헬프데스크 운영 관점에서 알아보겠습니다.

PART

02

헬프데스크의 장

IT 헬프데스크 업무 개요

여러 업무 영역 중 IT 헬프데스크를 처음 주제로 삼은 이유는 가장 기본적인 IT 지원 분야이기 때문입니다. PC는 사무 환경에서 가장 많이 사용되는 도구이며 IT 서비스는 PC, 모니터 등 IT 지원 업무에서 시작됩니다. IT 헬프데스크는 현업 직원과의 접점에 위치하면서 그들의 불편함을 가장 처음 접하고 해결하는 중요한 업무를 수행하고 있습니다.

IT 헬프데스크의 사전적 정의는 다음과 같습니다.

> IT 헬프데스크는 조직 내부의 부서로, 현업 직원의 기술적 질문에 대한 답변을 담당합니다. 대부분의 IT 회사는 고객의 질문에 응답하기 위한 헬프데스크를 상설 운영 중입니다. 일반적으로 이메일, 전화, 웹사이트 또는 온라인 채팅을 통해 업무 메시지를 주고받으며 PC, 프린터, 이메일 시스템, 전자결재 등에 관련된 다양한 질문을 처리합니다.
>
> (출처: 위키피디아)

그렇다면 IT 헬프데스크는 무엇일까요?

간단하게 말하면, 전기가 필요한 모든 제품의 장애를 처리하는 역할을 수행하는 직군입니다. 수시로 접수되는 PC 수리, 휴대전화 사용법 등 모든 것에 대한 문의를 접수 및 처리합니다. 일반적으로 IT 헬프데스크는 PC 및 프린터 수리, 사내 애플리케이션 세팅 및 직원의 입·퇴사 시 PC 설치 및 회수 등 PC와 관련된 업무를 수행합니다.

워낙 많은 사람을 상대해야 하는 역할이므로 다른 IT 직군에 종사하는 사람들보다 사회성이 좋아야 합니다. 헬프데스크에 전화하는 사람들은 대부분 화가 나 있습니다. 따라서 사람을 달래가면서 일해야 하는 것이 어려운 점이라 할 수 있습니다.

PC 및 프린터 수리 및 유지 보수

PC 또는 프린터 장비 등을 유지 보수하는 경우, PC나 프린터의 내구성이 좋아 하드웨어 장애로 인한 장비 교체는 많지 않습니다. 프린터가 작동되지 않으면 구동 드라이버를 재설치하고, 모니터 화면의 해상도가 맞지 않으면 그래픽 카드 드라이버를 재설치하거나 윈도우를 세팅해 문제를 해결합니다. 또한 비정상적으로 작동하는 프로그램을 찾아 삭제한 후에 재설치하는 경우도 있습니다. 회사 내 장애 발생의 원인으로는 사용자가 PC를 만지다가 설정을 잘못 조작하는 경우, 드라이버를 임의로 업데이트하는 경우, 검증되지 않은 OS 패치로 인해 특정 프로그램이나 주변 기기가 오작동하는 경우 등을 들 수 있습니다. 이 경우, 원상 복구를 해야 하는 것도 IT 헬프데스크의 몫입니다.

이러한 활동은 귀가 후에도 똑같이 진행됩니다. 보통 가정 내 IT 기기의 관리 및 유지 보수는 주로 아빠가 담당합니다. 남편이 '컴맹'인 경우에는 아내가 IT 장비의 유지 보수를 담당하는 경우도 있습니다. 하지만 대부분의 경우에는 남자가 담당합니다.

또한 헬프데스크는 학부모 커뮤니티를 위한 개별 가정 방문 컨설팅, PC

유지 보수, 원격 지원 등과 같은 업무도 수행합니다.

학교 숙제를 해야 하는데 프린터가 안 되니 빨리 와서 고쳐달라고 하거나 갑자기 인터넷이 안 되니 해결해달라는 전화를 받으면 하루 종일 일에 집중하지 못하는 일이 생기기도 합니다.

예상하지 못한 장애를 방지하기 위해서는 예방 정비를 생활화해야 합니다. 필자는 평소 프린터의 종이와 잉크는 충분한지, 무선 라우터, 프린터 및 모니터 등과 같은 장비가 잘 연결돼 있는지 등을 수시로 체크합니다. 특히 모니터 연결 케이블의 나사는 절대 빠지지 않도록 힘을 주어 세게 돌려 놓습니다.

데이터 백업 및 복원

PC 교체 시 기존 사용자의 환경과 동일하게 만들려면 교체 전의 데이터를 정확히 백업한 후에 복원해야 합니다. 이 작업을 '데이터 마이그레이션'이라고 하며, 작게는 업무용 파일, 크게는 아웃룩(Outlook) 메일 백업 및 복원까지 다양한 데이터를 처리합니다. 보통 도움을 요청하는 사람은 PC를 켜고 끄는 것만 가능한 사람들이 대부분이라 기본적인 운용 이외의 사항들은 IT 헬프데스크에 문의합니다. 간혹 스스로 해결하는 사람들도 있지만 거의 극소수입니다.

재고 자산 관리

PC와 프린터를 오랫동안 관리하다 보니 누가 또는 어느 팀에서 몇 대를 쓰고 언제 새로 들여왔고, 언제 교체해야 하는지 등 PC 장비에 대한 생애 주기를 관리합니다. 그뿐 아니라 IT 장비 구매 부서에서 예산 및 실적 분석을 위한 증빙을 요구하면 자료를 수집해 제출하기도 합니다.

재고 자산 관리 현황은 향후 교체 계획을 위한 판단 지표이자 실제 구형 장비 사용으로 인한 업무 생산성 저하를 막기 위한 사전 예방 조치의 의미도 있습니다. 무엇보다 중요한 것은 필요한 장비와 고장 난 장비가 각각 몇 대 있으며, 사용 가능한 장비는 종류별로 몇 대를 보유 중이고 누구에게 보급돼 있으며 나머지는 창고에 있다는 것을 실시간으로 파악하고 있어야 합니다. 그래야만 OA 장비를 사용하는 누구든 필요한 경우 즉시 지원이 가능합니다.

그외 전자 제품 전반

이 부분의 수요가 의외로 많습니다. 임직원이 개인적으로 새로운 장비를 구매할 때 주변에 전문가가 없으면 IT 직원에게 문의합니다. 심지어 장비 선정 및 구매 대행 의뢰도 들어옵니다.

직원들은 IT 기기들을 사용하다가 문제가 발생하면 'IT 헬프데스크에 연락해서 문의해야겠어.'라고 생각하고 전화를 합니다. 그러면 IT 헬프데스크에서는 형광등은 건물 설비 지원에 연락하고, 전화기는 총무팀이나 사내 이메일 팀에 연락하며, 무선 네트워크 문제의 경우 네트워크 팀에 연락하는 일종의 메신저 역할을 수행합니다. 이런 생활 IT 상담 문의에 대한 응대가 소홀하면 매년 1회 이상 실시하는 직원 만족도 조사에서 혹평을 받게 되는 일이 생기기도 합니다.

IT 헬프데스크의 주요 업무 영역

슬기로운 회사 생활을 위해 업무를 스마트하게 처리한다는 것은 본인의 업무를 특화하는 동시에 수행하고 있는 일의 효율성을 높이는 작업 과정이기도 합니다. 맡은 일에 최선을 다하면, 어느새 습관이 돼 나중에 다른 일을 하더라도 동일한 방식으로 접근할 수 있게 됩니다. 다음 글에서 IT 헬프데스크 관리자의 입장을 가정해, 업무를 좀 더 효율적으로 수행하기 위한 방법을 모색해보겠습니다.

장애의 패턴 파악을 통한 업무 규칙 수립

PC 및 프린터 장애는 동일하게 일어납니다. 같은 패턴을 유형화하고 이에 대한 업무의 틀을 만들어야 합니다. 예를 들어 프린터 관리의 경우, 특정 시점에 나온 드라이버가 최신 드라이버보다 안정적일 수 있습니다. 현업 직원 등이 해당 프린터 홈페이지에서 최신 기능이란 말에 혹해 프린터 드라이버를 임의대로 업그레이드하는 경우가 있습니다. 검증되지 않은 드라이버를 설치하면 갑자기 출력이 안 되는 등의 장애가 발생합니다. 사용자의 입장에서는 상사가 출력하라는 문서를 제때 출력하지 못하면 무척 괴롭습니다. 이런 상황을 해결하기 위해 업무를 효율적으로 처리하는 동시에 직원을 행복하게 만들기 위한 기본적인 표준 업무 절차를 만들어보겠습니다.

- 1단계: 표준 드라이버를 사내 인트라넷에 올려 개별적으로 가이드함.
- 2단계: 1차가 안 되는 사용자에게 개별적으로 방문해 지원함.

이런 원칙을 세워 대응하면, 사용자가 IT 헬프데스크에 전화를 걸어 항의하는 상황을 원천적으로 거를 수 있게 됩니다. 표준 업무 절차가 마련돼 있지 않은 업체에서는 왜 빨리 오지 않느냐, 업무를 왜 그렇게 처리하느냐와 같은 볼멘소리를 수없이 듣습니다. 이런 혼돈의 상황을 주도적으로 바꾸기 위해서는 틀을 정해야 합니다. 이 틀은 이해당사자들이 어떠한 상황에 맞춰 일하도록 상황을 정형화하는 역할을 합니다.

IT 담당자가 주변 상황에 시달리다 보면 현실이 암울하게 느껴질 때가 있습니다. 이는 좀 더 전략적으로 움직여야 할 시기가 도래했다는 신호입니다. 생각하는 대로 사는 것이 사는 대로 생각하는 것보다는 덜 괴롭고 모호한 삶의 영역을 구체화하는 데도 도움이 됩니다. 따라서 모든 업무에 원칙의 틀을 만들고 업무의 유형을 단순화하는 것에서부터 시작해야 합니다. 이런 룰을 앞장서서 만들어주는 사람은 없습니다. 업무의 룰은 직접 만들어야 합니다. 이번에는 업무 유형별로 작업을 효율화하는 방법에 대해 알아보겠습니다.

■ 장애 처리 요청

장애 발생 시 ITSM(IT Service Management) 게시판을 이용해야 한다는 원칙을 세운 후 캠페인을 통해 이 절차대로 행동하도록 유도하는 것을 말합니다. 이 방법은 캠페인을 해야 하므로 몇 개월이 걸릴 수도 있습니다.

■ 모호한 업무 영역 정리

헬프데스크의 담당자별로 업무의 범위를 단순화하고 이에 따른 직통 번호를 공개(예: 네트워크 1001, PC 프린터 1002 등)하며, 첫 번째 방법으로 문의 시 자연스럽게 직통 번호를 이용하도록 권고하는 것을 말합니다.

■ 원격 지원의 생활화

장애가 발생한 곳에 일일이 돌아다니다 보면 다른 사용자들은 제때에 지원받지 못할 수 있습니다. 원격 데스크톱, 솔라윈즈, 구글의 행아웃 등 원격 지원 툴의 도입은 IT 담당자의 행복지수를 높이는 데 많은 도움이 됩니다.

■ 담당자들과 좋은 관계 유지

IT 헬프데스크 부서의 팀장 또는 고객사의 담당자를 내 편으로 만들려면 IT 헬프데스크의 역할을 충분히 수행하면 됩니다. 기본 역할에만 충실하면 이 사람들의 전폭적인 지원을 받을 수 있습니다.

모든 분야에서 통하는 원칙은 주어진 직분에 최선을 다하는 것입니다. 필자의 선임 직원 중에는 격동의 세월을 살아오신 분들이 제법 많습니다. 이들의 좌우명은 모두 하나같이 '무조건 열심히 해야 한다.', '남에게 피해를 주면 안 된다.', '가장 짧은 시간에 가장 효율적인 성과물을 내야 한다.'였습니다. 시간이 많이 흘러도 직분의 수행을 최우선 과제로 삼는 원칙은 변하지 않습니다.

ITSM 도입 운영

장애 처리 요청은 반드시 인트라넷의 헬프지원 게시판만 이용해야 한다는 업무 절차를 만든 후 장기간의 캠페인을 통해 이러한 방식을 정착시켜나갑니다. 아이디어는 수립했지만, 이를 구체화할 수 있는 능력이 없거나 조력자가 없는 경우도 있습니다. 이때에는 IT 기획 운영의 관점에서 접근해야 합니다. 현재 업무의 비효율적인 측면을 부각시키는 것이 중요합니다. 물론 담당 팀장의 결재는 필수 사항입니다. 정확한 보고 없이 일을 진행하면 나중에 공격받을 위험이 있습니다. ITSM 솔루션을 구매할 필요성이 있는데 상황이 여의치 않다면 1차적으로 사내 포털 게시판을 활용하고 향후 고도화하기 위한 계획을 세워 추진하면 됩니다.

담당자별 직통 번호 설정

모호한 업무 영역을 없애거나 최단 시간 내에 업무를 처리할 수 있도록 업무 절차를 단순화합니다. 해당 업무에 관련된 이해당사자들을 만나 개편

작업에 대해 설명한 후 업무 카테고리별 전화번호를 설정하고 전사에 공지합니다. 공지에 앞서 담당 직원에 대한 사전 교육을 실시하는 것이 좋습니다. 담당 직원이 다음과 같이 반대할 수도 있습니다.

"기존에 쓰던 개인 전화번호가 있는데 왜 직통전화를 만들어야 하나요?"
"이제까지 별문제가 없었는데 업무별로 번호를 분류하는 이유가 무엇인가요?"
"전화 관리 부서가 따로 있기 때문에 업무를 조율하려면 번거로울 것 같습니다."

이런 부하 직원에게는 인사고과로 보답하거나 담당 임원과의 면담 시 강력하게 어필해 해당 조직에서 배제해야 합니다. 합리적인 업무 개선 추진에 대한 부정적 사고는 조직에 아무런 도움이 되지 않습니다.

원격 지원의 생활화

원격 지원 툴은 OA 유지 부서에 반드시 필요합니다. 원격 지원용 프로그램은 생각보다 비싸지 않습니다. 불필요한 현장 방문으로 인한 시간 낭비를 최소화할 수 있고, 사용자의 입장에서도 즉시 조치받을 수 있다는 장점이 있습니다.

원격 업무가 필요하다고 생각하면 내부 품의를 올린 후 이해당사자의 설득을 거쳐 도입을 추진해야 합니다. 팀장급이 아니라도 상관없습니다. 직급이 낮은 대리나 과장급이더라도 IT 개선 과제가 업무를 향상시키는 데 도움이 되고 여러 사람에게 이롭다고 생각하면 적극적으로 추진할 수 있습니다.

필자가 전산실에서 근무할 때 함께 일했던 상사 중 유독 PC 자산에 집착하던 사람이 있었습니다. 그는 다른 핵심 추진 과제가 산적해 있는데도 PC 재고 및 배포 현황을 실시간으로 모니터링하라고 지시했습니다. 필자는 PC의 수량은 자주 변하는 것이 아니기 때문에 매일 재고 조사할 필요가 없을 것 같다고 여러 차례 이야기했습니다. 그때마다 심하게 화를 내면서 "회사가 발전하려면 기본적인 업무를 잘해야 한다."라고 말하곤 했습니다. 이런 사람은 결코 지도자형 IT가 될 수 없습니다. 지도자형 IT는 자리가 만드는 것이 아니라 본인의 의지에 의해 만들어집니다.

업무 성향별 IT 헬프데스크 운영 형태

IT 업무 성향별 IT 헬프데스크 운영 형태를 살펴보겠습니다.

■ 지도자형 IT

지도자형 IT는 맡은 바 일을 열심히 하고, 똑같은 실수를 반복하지 않기 위해 최선을 다합니다. 평소 이해당사자들과 쌓은 신뢰는 업무의 윤활유 역할을 합니다.

■ 백성형 IT

백성형 IT는 사회성 좋은 동료와 함께 회의하거나 보고합니다. 주변 사람들은 백성형 IT에게 다음과 같이 이야기할 것입니다.

"네가 좀 나서봐."
"타 부서와 원활한 관계를 유지할 수 있게 도와줘."

"나는 실력으로 승부할래! 인간관계 따윈 중요하지 않아."

이런 유형의 사람에게는 실력으로 승부할 기회는 좀처럼 오지 않습니다. 관리자들은 그들이 무엇을 할 수 있는지, 지금 무엇을 하고 있는지 잘 모르기 때문입니다.

■ 노예형 IT

노예형 IT는 만사 귀찮아합니다. '내가 이런 일 하려고 이 회사에 들어온 건 아닌데….'라고 생각하면서 대학 동창들의 SNS를 열심히 뒤적거립니다. 퇴근 후에는 친구들과 술을 마시면서 다음과 같이 말합니다.

"난 진짜 열심히 일하는데 저평가돼 있어."

노예형 IT의 특징은 다음과 같습니다.

첫째, 업무에 관한 아이디어가 없습니다. 예를 들어 PC 수리 의뢰가 들어오면 "내 담당 업무가 아니니 저 사람이 알아서 해줄 겁니다."라며 책임을 전가합니다.

상사가 "지금 일이 잘 안 되고 있다는 컴플레인이 들어오던데, 어떻게 된 일인가요?"라고 물으면 "아, 그거 담당자가 따로 있는데, 그 담당자의 입장에서는 자기 일이 아니라고 생각하는 것 같습니다."라며 제3자의 험담을 합니다.

둘째, 남의 업무에 편승을 잘합니다. 본인의 업무에 대한 전문성이 떨어지니 업무 기술이 있을 리 만무합니다. 따라서 성공한 업무에 뒤늦게 합류해 마치 자기가 처음부터 다한 것처럼 말합니다.

목소리 큰 직원이 노예형 IT일 확률이 높습니다. 이런 직원의 특징은 주로 자기는 무엇을 하고 있고, 어디까지 했으며, 무엇을 할 것이라고 강조합니다. 회사와 동료들의 입장에서 보면 이런 사람은 빨리 없어져야 할 존재입니다. 그러나 회사는 관대합니다. 퇴사시킬 근거가 없기 때문입니다. 이런 유형은 인사고과에서 C를 여러 번 받아도 전혀 개의치 않습니다. 자기를 알아줄 구세주가 나타나길 기다리며 묵묵히 자리를 지킵니다. 이런 사람은 절대 자기 자신의 발로는 회사를 나가지 않습니다.

능력 있는 사람은 자신의 역할을 잘 해내므로 다른 회사로 이직하기가 쉽습니다. 그러나 노예형 IT는 재취업의 길이 막혀 있기 때문에 설사 회사에 대한 불만이 있더라도 퇴사한다는 이야기를 쉽게 꺼내지 않습니다. 스스로 생각하기에 IT 지식은 상당히 높은데, 저평가돼 있으니 어려운 업무가 주어질 리 없습니다. 그래서 어떤 업무를 맡겨도 시시하게 느껴집니다. 상사가 시키는 업무들은 본인의 지식과 경력에 못 미치는 아주 단순 업무밖엔 없습니다. 여기서 무능의 무한 루프가 시작됩니다.

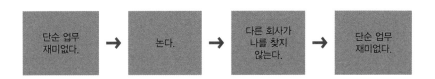

중요한 점은 본인이 정말 할 수 있는 일만 받고 있다는 것을 전혀 인지하지 못한다는 것입니다. 난이도가 낮은 일만 받으니 일에 흥미가 생기지 않습니다. 하지만 본인 스스로 상사에게 고품격의 일을 달라고 요청하지 않습니다. 왜냐하면 귀찮기 때문입니다. 자잘한 일을 성실히 수행하지 않으면 고품격의 일을 갑자기 수행할 수 없습니다. 일의 기초를 다지는 과정 또한 중요하기 때문입니다.

IT 프로그래머의 장

IT 프로그래머 업무 개요

프로그램을 만드는 일은 창조의 영역으로, 어떤 사람에게는 선망의 대상이기도 합니다. 프로그램을 만드는 사람의 처지와 상황은 아마 거의 비슷할 것입니다. 중소 규모의 회사에서는 무한의 책임과 역할이 주어집니다. 분업이 잘돼 있는 회사의 경우에는 본인의 역할만을 수행하면 됩니다. 대부분의 경우 IT 프로그래머는 기획 및 개발, 심지어 사용자 교육, 데이터베이스 구성 및 데이터 관리, 장애 처리를 모두 해결합니다.

업무 영역에 따른 프로그래머의 분류

프로그래머는 크게 SI(System Integration) 프로그래머와 SM(System Maintenance) 프로그래머로 나눌 수 있습니다. 이는 단순 업무 영역별 구분이며 어떤 것이 더 좋고 나쁘고의 가치 판단 기준과는 거리가 있습니다.

SI 프로그래머

프로젝트 단위로 투입돼 일하는 프로그래머입니다. 경기 호황 시 많은 혜택을 누리는 직업군입니다. 이들의 고민은 주로 다음과 같습니다.

'어떤 프로그래밍 언어를 배워야 잘 먹고 잘 살 수 있을까?'
'요새 뜨는 프로그래밍 언어는 뭘까?'
'돈을 잘 버는 프로그래밍 직종은 뭘까?'
'어떻게 하면 버그 없는 프로그램을 만들 수 있을까?'
'어떻게 하면 프로그램의 완성도를 높일 수 있을까?'
'이 프로그램으로 생산성이 얼마나 올라갈 수 있을까?'
'과연 나는 가치 있는 일을 하고 있을까?'

개발자의 주요 역할은 요청 업무를 적합한 프로그램으로 작성하는 것입니다. 다시 말해, 분석된 업무에 대한 프로그램 정의서를 바탕으로 본인의 프로그래밍 기술을 이용해 사용자가 사용할 수 있는 프로그램을 만드는 것입니다. 회사의 입장에서 개발자는 기술자에 불과합니다. 프로그래밍 기술 자체만으로 IT 조직 내의 핵심 인력으로 자리잡기 어렵습니다. 아무리 프로그램을 잘 작성한다고 하더라도 나중에 중요한 의사결정을 할 수 있는 위치에 도달하기는 어렵습니다. 또한 요청자의 입장에서 보더라도 프로그램 작성 과정이 궁금하지 않습니다. 의뢰한 결과만 제대로 표현되면 그만이기 때문입니다. 즉, 이들은 업무 운영이라는 목적을 달성하기 위한 도구에 불과합니다.

보통 SI 프로젝트를 수행하는 프로그래머는 특정 고객사의 IT 시스템 개발에 투입돼 몇 달 또는 몇 년 동안 고난의 나날을 보내게 됩니다. 파견 생활을 하면서 프로젝트 오픈 시점까지 주어진 업무를 수행하게 됩니다.

SI 전문 회사에서 프로그래머로 시작하는 사람은 일정 경력에 이르면 프로젝트 매니저 역할을 수행해야 합니다. 나중에 업무 능력이 감퇴할 경우, 자의든 타의든 회사의 솔루션을 파는 영업자로 활동하게 됩니다.

SM 프로그래머

SM 프로그래머의 주요 역할은 소프트웨어 운영 관리이며, 이들의 고민은 다음과 같습니다.

'쓸모없는 프로그램을 자꾸 개발해달라고 하는데 어떻게 대응해야 할까?'

'프로그램 장애가 생겼다. 최단 시간 내에 조치해야 한다.'

'데이터가 이상하게 출력된다. 내 프로그램이 아니라 다행이다.'

'이번에 소프트웨어 유지 보수 계약 갱신이 필요한데 비용 청구는 어떻게 할까?'

'정기 운영 리포트를 고객사에 제출해야 하는데 특별한 것이 없다.'

'현업 직원이 거창한 개선 프로젝트를 하자고 하는데 별로다.'

'남이 작성한 소스를 수정해야 하는데 주석도 없고 난해하다. 그냥 새로 만들어야겠다.'

'프로그램 수정 요청을 받았다. 10년 전에 컴파일했는데 소스가 없다. 새로 만들어야겠다.'

'프로그램을 작성했는데 좀 무거워 보인다. 인프라 운영 쪽에서 알아서 할 것이다.'

'인프라 운영 쪽 담당자가 프로그램 소스를 최적화하라고 이야기한다. 들켰다.'

프로그래머로살아가기

이렇듯 서로 다른 생활 환경으로 인해 차이가 발생합니다. SM 프로그래머가 SI 프로그래머보다 초반 생활은 평온하게 시작할 수 있지만, 다양한 업무 경험 부족으로 향후 이직할 때 선택이 제한적일 수 있습니다. SI 프로그래머는 초반에 고생은 많이 하지만, 내공의 축적을 통해 향후 오랜 생명력을 지닐 수 있습니다. 결국 두 가지 영역은 서로 보완하는 역할을 하며 본질적으로는 비슷하다고 할 수 있습니다. 기본적으로 주어진 일을 제대로 수행해야만 생존할 수 있습니다.

프로그래밍은 많은 양의 학습이 필요합니다. IT 사회생활 초반에 무엇을 어떻게 하는 것이 좋은지에 대한 정답은 없습니다. 그러나 SI로 경험을 쌓고 시야를 넓힌 후 축적된 경력으로 SM으로 들어가는 것이 이상적인 흐름이라고 보입니다. 시작은 비슷하게 할 수 있지만 어느새 노년기로 접어들게 됩니다. 노년기까지 프로그램을 작성할 수는 없습니다. 생활 터전이 무너지면 극빈층이 되기 쉬운 구조인 것입니다.

평범한 임금 노동자로 살아갈 단순 코더(Coder)들이 알아야 할 사항은 다음과 같습니다. 대부분의 IT 관련 서적은 기술에 대한 소개 및 프로그래밍 예제로 가득 채워져 있습니다. 그러한 기술들은 하나의 업무를 완성하는 데 있어 매우 중요합니다. 하지만 프로그래밍 자체로 회사에서 주목을 끌 수는 없습니다. 주로 시킨 일만 하게 되는 구조인 것입니다.

사내에서 아이돌급 인기를 누리는 프로그래머가 있다고 가정해보겠습니다. 이 프로그래머는 무협지의 절대 고수이자 UFC 챔피언에 비유할 수 있습니다.

사실 업무적 관점에서 IT 최신 기술이나 프로그래머의 기술력은 목적이 될 수 없습니다. 특정 업무를 위한 기술과 그 기술력을 보유한 인력의 인건비가 중요합니다. 회사의 입장에서 볼 때 자바, 파이썬 등은 관심의 대상이 아닙니다. 다시 말하면 SAP 프로그래밍을 하기 위해 ABAP라는 툴이 필요한 것일 뿐, ABAP가 절대적인 기술은 될 수 없습니다.

대부분의 프로그래머들은 '어떤 기술을 익혀야 돈도 잘 벌고 회사의 주역이 될 수 있는지'에 대해 고민합니다. 사실 일반적인 기술 하나만 제대로 익히면 나머지는 학습을 통해 얼마든지 보완할 수 있습니다. 무술을 배울 때는 기마 자세부터 시작합니다. 이 기초 자세를 연결해 태권도의 태극 1장과 같은 품새가 완성되는 것입니다.

프로그램 또한 이와 마찬가지입니다. 여러 기본 변수의 설정, 가장 많이 쓰이는 로직(Logic)과 If ~ else 그리고 데이터베이스 연결, 입력, 수정, 삭제, 조회를 위한 기본 인터페이스 구성 등이 바로 프로그래밍 기술의 기초 자세라고 할 수 있습니다. 연마하는 기술이 파이썬이든, 자바이든 대세에 지장이 없습니다. 하나의 기술에 대해 고수의 경지에 이르면 다른 기술은 기존의 기술을 새롭게 재구성한 것에 불과합니다. 예를 들어 남코에서 발매된 철권의 고수가 쿠마(팬더)를 사용해 10단 콤보를 멋지게 구사할 수 있다면 향후 어떤 종류의 격투 게임이 나와도 쉽게 익혀 고수의 반열에 오를 수 있을 것입니다. 캐릭터의 조작은 공부를 통해 해결하면 되는 것이고 실제 게임에서 중요한 것은 상대방과의 심리전이기 때문입니다.

예를 들어 본인의 에너지가 20%, 상대방의 에너지가 80%인데 게임 시간이 충분하다면 상대방은 공격하기 위해서 뛰어올 것입니다. 이때를 기다렸다가 반격할 수 있습니다. 결국 다양한 캐릭터별로 반격에 필요한 기술만 별도로 익히면 문제 해결에 접근하는 방법은 거의 동일하다고 볼 수 있습니다.

신입 IT 프로그래머가 "어떤 기술을 익혀야 먹고 사는 데 지장이 없느냐?"라고 묻는다면 필자는 "그냥 재미있는 것부터 시작하면 된다."라고 대답할 것입니다. 어차피 상사로부터 괴롭힘을 당하면서 평생 임금 노동자로 살아야 하는데, 이왕 하려면 흥미가 있는 것을 선택해야 인생이 조금이라도 덜 지겹습니다. 프로그래머로 오랫동안 돈을 벌고 싶다면 SAP를 권장합니다. SAP를 도입한 회사는 절대로 SAP를 버릴 수 없습니다. 만약 버리면 외부 감사 등 수많은 이슈에 직면하기 때문입니다. 또한 기본적인 BI 교육도 일주일 교육에 1,000만 원이 넘어갑니다. 회사에서 비싸게 투자한 직원을 일찍 버리지도 않습니다. 다음 신문 기사를 참고하시기 바랍니다.

글로벌 소프트웨어(SW) 기업 SAP의 전방위 '저작권 사냥'에 국내 대기업이 무더기로 걸려드는 초유의 사태가 벌어졌다. SAP는 SW 라이선스 초과 사용을 주장하며 기업당 최대 2,000억 원의 지불을 요구했다. LG화학, LG유플러스, 코웨이, GS칼텍스, 현대중공업은 이미 거액의 합의금을 지급한 것으로 확인됐다.

법률 전문가들은 SAP의 공정거래법 위반 가능성을 제기했다. 계약을 지나치게 자사에 유리하게 해석했다는 것이다. 기업들도 공정거래위원회 신고를 검토했지만 불확실한 승소 여부, 신고 시 여론화 부담에 주저하고 있다. 공정위는 신고가 없더라도 사회 문제로 판단되면 직권 조사도 가능하다고 밝혔다.

13일, 업계에 따르면 SAP는 지난해부터 국내 주요 대기업에 전사자원관리(ERP) SW 저작권 문제를 집중적으로 제기했다. 계약상 약속한 것보다 훨씬 많은 사람이 SW를 사용했다는 주장이다. SAP는 한국 ERP 시장의 1위 사업자로 2014년 기준 시장 점유율은 39.5%다.

SAP는 각 기업 감사(audit)를 거쳐 ERP를 초과 사용했다는 내용의 공문을 보냈다. 초과 사용 규모에 따라 각 기업에 무려 2,000억 원까지 라이선스 추가 구매를 요구했다.

SAP의 문제 제기로 라이선스를 추가 구매한 기업은 본지가 확인한 것만 LG화학, LG유플러스, 코웨이, GS칼텍스, 현대중공업 등 5개사다. 추가 구매 금액은 LG화학 130억 원, LG유플러스 30억 원, 현대중공업 40억 원, GS칼텍스 80억 원, 코웨이 80억 원이다.

(출처: 전자신문https://m.etnews.com)

SAP의 경우, 기존 영구 라이선스 지원 제도가 2027년에 종료돼 기업들은 울며 겨자 먹기로 영구 라이선스 종료 전에 SAP HANA를 채택해야 합니다. SAP는 어떤 기업과의 싸움에서도 절대 지지 않을 강력한 경험과 법무팀을 보유한 막강한 글로벌 회사입니다. SAP를 도입한 회사들은 그들의 약관이 포함된 계약서에 사인했기 때문에 이들의 라이선스 요구를 거부할 수 없습니다. 계약에 대한 규정은 민법상 임의 규정이라 법규보다 개인 간의 합의가 우선하기 때문입니다.

이는 국가에서도 개입할 수 없는 부분입니다. 이런 맥락에서 SAP 자격증 획득 및 관련 기술을 공부하는 것도 좋은 선택지가 될 것 같습니다. 어차피 2027년 기존 라이선스의 효력이 정지되면, 그 전에 SAP 신규 구축 또는 기존 시스템을 이관하게 돼 SAP 기술자에 대해서는 대내외적으로 폭발적인 수요가 있을 것이라 예상되기 때문입니다.

SI 프로젝트 이후 프로그래머로서의 삶에 대해 궁금할 수 있습니다. SI 프로젝트 종료 이후 고객사의 입장에서는 회사의 입장에서 계약할 때 구축 프로젝트와는 별도로 유지 보수에 대한 계약을 체결합니다. 프로젝트 수행 업체는 이 계약을 바탕으로 SI 프로그래머 중 일부를 선정해 운영진으로 잔류시킵니다. 이 경우, 일정 기간이 지난 후에 정직원으로 채택될 확률이 높습니다. 이때에는 프로젝트 기간 동안 역량이 검증된 사람 위주로 오퍼가 들어갑니다.

고객사의 입장에서 볼 때 SI 구축은 기존 업무를 대체하는 새로운 업무의 시작점을 만드는 것을 의미합니다. 시스템 구축 자체도 중요하고 의미 있는 일이지만, 이보다 중요한 것은 그 이후의 운영입니다. 도입 효과를 회사 내의 임직원에게 보여줘야 합니다. SI 프로젝트 오픈 이후 운영 단계에서 시스템은 끊임없이 수정, 고도화, 버그 수정 등으로 인해 많은 손길이 갈 수밖에 없습니다. 이 시점에 고객사 내부에서 신규 구축된 시스템을 운영할 자체 인력이 없을 경우, 프로젝트 구축자 중 누군가를 선정해 운영 업무를 맡겨야 합니다. 이렇듯 시스템을 구축한 사람은 SI 개발자로서 운영 전문 외주로 남게 되거나 추후 고객사 측의 제안을 통해 정직원으로 발탁될 수도 있습니다.

필자의 경우에는 신입 시절에 밤 9시에 퇴근하는데도 왜 이렇게 일찍 퇴근하느냐며 욕을 먹어야 했고, 주말 근무, 심지어 추석 연휴 기간에 출근해 코딩한 적도 있습니다. 그 당시에는 열심히 일해야 나중에 인정받을 수 있다고 생각했습니다. 그러나 무조건 열심히 하는 것은 스스로의 인생을 낭비하는 것입니다. 누군가는 타인의 맹목적인 업무 수행으로 불로소득을 얻습니다. 사실 주변 사람들은 내가 어떤 생활을 하고 있고 어떤 생각을 하고 있는지에는 관심이 없습니다.

보통 기업체에서 쓰는 주력 프로그래밍 언어들이 있습니다. 프리랜서로 생활할 경우, 위에서 이야기한 것처럼 SI 프로젝트 참여를 통해 전문 개발자 기술을 쌓고 나중에 정착할 기회를 만들면 됩니다. 물론 선택은 자유입니다. 전문 개발자라면 시장의 수요를 항상 눈여겨봐야 합니다. 특히, 회사 생활에서 몇 개의 프로그래밍 언어를 알아야 성공적으로 생활할 수 있다는 법칙은 없습니다. 필자의 경우 2개의 언어를 습득해 활용했으며 그 외 단발성 업무의 경우 그때그때 책과 인터넷을 활용했습니다. 간단한 수작업 엑셀을 전산화하는 것에서부터 인사 관리 체계의 개선을 목적으로 한 인사 시스템 개발에 이르기까지 이 기술을 다양하게 활용했습니다.

회사의 입장에서 볼 때 새로운 기술 인력을 회사 내에서 조달하기 힘든 경우에는 기술력이 있는 외부 업체를 물색한 후 구축 서비스 계약을 통해 업무를 수행하면 됩니다. 새로운 기술이 필요하다면 미래를 위해 해당 시점에 가장 일반적인 것을 선택해야 합니다. 유지 보수를 고려해야 하기 때문입니다. 프로그래머를 찾기 어려운 기술을 도입할 경우, 향후 운영 관리가 어려워질 수 있습니다. 다음은 카카오의 인재 영입 공고입니다.

카카오 클라이언트팀은 여러 클라이언트 기술을 다루는 조직으로 안드로이드 (Android), iOS, 윈도, MacOS 등 다양한 종류의 클라이언트를 개발하고 있습니다.

- 카카오톡 클라이언트(Android, iOS): 입사하면 안드로이드와 iOS 기반의 카카오톡 서비스 전반을 개발합니다.
- 카카오톡 클라이언트에 포함된 서비스 분야: 네트워크에 대한 깊은 수준의 이해가 필요한 메시징 기능을 필두로 동영상 및 사진의 처리, 톡 내의 음악에 대한 제어, 보이스톡과 같은 voip 서비스, 웹 서비스 지원을 위한 인앱 브라우저, 광고 및 결제 지원, 대규모 사용자에 대한 제어와 서비스 제공 등을 모두 경험해볼 수 있습니다.
- 새로 나오는 기술에 대한 검토를 지속적으로 진행하고 필요시 구글, 애플, 삼성 등과 협업하면서 최신 기술, 서비스, 단말 등을 경험해볼 수 있습니다.
- 전반적인 앱의 배포, 버전별 데이터 마이그레이션 등을 수행하며 이를 통해 대규모 서비스의 지속적인 제공을 위한 능력들을 습득합니다.

(출처: https://careers.kakao.com/jobs/P-11742)

공고에 해당하는 IT 경력자는 선발될 가능성이 높지만, 경험이 전혀 없는 IT 꿈나무는 서류 전형에서 탈락할 확률이 높습니다. 기업의 입장에서 볼 때 공채를 통해 신입을 뽑을 때는 업무 수행 능력에 대한 기대는 하지 않습니다. 초기 신입사원의 능력은 월급에 비해 매우 미흡하기 때문입니다. 당장 일을 시키기 어렵기 때문에 어느 정도의 궤도까지 올려놓기 위해 회사 측에서 교육도 시켜야 하고 능력 있는 선배를 붙여 직접 일대일로 지도해야 합니다. 사실 그 신입사원과 일하는 선배들의 입장에서 보면 본인의 업무를 수행하면서 신입도 가르쳐야 하는 등 다소 불편한 상황이 생기게 됩니다.

모집 요강에서 밝힌 구체적인 기술은 다음과 같습니다. 공통은 반드시 필요한 영역이고 우대사항은 능력이 비슷한 사람이 지원할 경우, 우선권이 있는 영역입니다.

[공통]
- 개발 경력 5년 미만
- 안드로이드 애플리케이션 개발 경험이 있는 분
- 자바(java) 및 코틀린(kotlin) 코드를 이해하고 수정할 수 있는 분
- 안드로이드 애플리케이션을 개발할 수 있는 분

[우대사항]
- 보다 큰 서비스를 개발하면서 성장하고 싶은 주니어 환영
- 대용량 서비스 개발 및 운영 경험
- 안드로이드 최신 개발 동향에 관심이 많은 분
- 안드로이드 관련 컨퍼런스나 대외 활동에 적극 참여하고 있는 분
- 긍정적이며 자기 주도적인 성장이 가능하신 분

위에서 언급한 우대사항은 그다지 큰 의미가 없습니다. 아무래도 카카오의 경우, 모바일 솔루션에 강점이 있기 때문에 모바일 프로그래밍 언어 중 자바 및 코틀린 코드를 이해하고 수정할 수 있는 능력자를 강조한 것입니다. 또한 다른 사람이 작성한 코드를 지원자가 직접 유지 보수해야 한다는 조건도 포함돼 있습니다.

여러분들의 소속이 LG CNS나 SDS 같은 큰 규모의 IT 업체가 아니라면 중소 규모의 SI 인력 파견 업체 또는 솔루션 업체에서 근무하고 있을 것입니다. 스스로 생각하기에 인생의 변화가 필요하다고 생각하면 소속사의 CEO에게 강력하게 어필해 모바일 프로젝트 등의 신기술과 관련 있는 프로젝트에 참여시켜달라고 요청할 수 있습니다. 아니면 퇴사한 후 인력 파견 업체를 통해 관련 분야에서 일할 기회를 직접 잡아도 됩니다. 기회는 주어지는 것이 아니라 만드는 것입니다.

어떻게 IT를 시작하게 됐는지, 왜 IT를 하겠다고 결심하게 됐는지는 사람마다 다릅니다. 어떤 사람은 학교 전산실 관리 및 PC 게임 동호회 활동을 하다가 흥미를 느껴 IT를 선택하게 된 경우도 있고, 공대를 나왔기 때문에 IT 직군을 선택하는 경우도 있습니다. 물론 바람과 다른 일을 하게

되는 경우도 많습니다. 필자의 지인 중에는 OCP(Oracle Certified Professional) 자격증을 획득한 후 10여 년 동안 데이터베이스 관리자로 일하다가 현재 하드웨어 유통 회사의 영업 대표를 하는 분도 있습니다. 인생이 꼭 바라는 대로 흘러가지는 않습니다.

처음으로 IT를 시작한다면 기업체가 원하는 역량을 기준으로 표준 역량 매트릭스(Matrix)를 만들어야 합니다. 간단히 다룰 수 있거나 다루고 싶은 기술을 표에 기입하고 현재 본인의 기술력을 O, X 형태로 정리하면 됩니다. 그리고 부족한 부분은 공부하는 것이 좋습니다.

이런 기술력을 바탕으로 회사의 포트폴리오를 작성하고 적합한 업체를 찾으면 되지만, 경험이 없을 경우 해당 기술을 새롭게 익혀야 한다는 과제가 있습니다. 누구나 다 하는 기술은 보편적이지만 그만큼 차별성을 두기 어렵습니다. 가능한 한 기업체의 입장에서 꼭 필요한 기술을 익히는 것이 중요합니다.

주력 기술을 습득한다는 것

그 시대의 중요한 기술은 시대의 흐름과 같은 맥락을 지니고 있습니다. 인프라 환경의 경우, 서버를 직접 구매해 설치하는 구축형에서 서버를 서비스 형태로 임대해 쓰는 클라우드를 여러 회사에서 채택해 쓰고 있습니다. 대표적인 예로 넷플릭스를 들 수 있습니다.

비싼 운영비와 관리상의 어려움으로 인프라 환경이 서버를 자체적으로 구축하되, 클라우드처럼 CPU 및 메모리, 하드디스크를 필요한 만큼 할당해 쓸 수 있는 형태로 바뀌고 있습니다. 이렇듯 구축형 인프라와 클라우드 인프라는 하나의 환경으로 바뀌어가고 있습니다. 이러한 추세는 서버뿐 아니라 보안과 네트워크 관련 기술에도 적용되고 있습니다. 흐름을 보고 주력 기술을 선정해 이에 대한 역량을 강화하는 것이 중요합니다. 이후 어떤 신기술이 나와도 기본적인 개념은 크게 변하지 않기 때문입니다.

새로운 기술을 선정할 경우에 인터넷, 책 등에서 쉽게 찾아볼 수 있는 레퍼런스가 가장 많고, 널리 쓰이고 있는 것을 선택하기 바랍니다. 한국에서 현대차를 구매하는 것과 동일한 접근 방식입니다. 한국에서 현대차의 부품은 어디서나 구할 수 있을 정도로 흔합니다. 그렇게 선정한 기술의 끝을 봐야 합니다. 하나의 끝을 보면 나머지 프로그래밍 언어를 익히는 것은 시간 문제입니다. 한마디로 프로그램을 익힌다는 것은 장기판의 행마법(行馬法)을 익히는 것과 비슷합니다. 룰과 원리를 이해하면 업무에 적용하기까지 그다지 많은 시간이 걸리지 않습니다.

신입사원의 입장에서 IT 업무를 시작할 때가 가장 어려운 시기입니다. 아무리 높은 스펙을 지녔더라도 회사 내에서 신입사원은 상대적으로 약자일 수밖에 없습니다. 신입사원은 주어진 업무를 어떻게 수행하고 완료해야 할지 막막한데다 경험과 경력이 부족하기 때문에 기회가 잘 주어지지 않습니다. 경력직도 입지를 만들기가 쉽지 않습니다. 뭔가 성과를 보여줘야 한다는 압박감과 부담감을 동시에 극복해야 합니다. 당연한 이야기지만, 프로그래밍 언어를 익히는 것은 태권도에서 태극 1장을 수련하는 것과 같습니다. 일단 기본 자세를 알아야 고급 단계로 올라갈 수 있습니다. IT 업계에는 공상 과학 영화인 〈스타워즈〉에 나오는 데스스타와 같은 행성 파괴용 절대 무기가 없습니다. 원하는 분야에 맞는 원하는 기술을 끊임없이 익혀야 합니다.

주력 기술보다 중요한 것

IT 업무에 있어서는 기술보다 업무에 대한 지식이 더욱 중요합니다. 기술은 현실 업무에 대한 보조 역할이며 결코 주가 될 수 없습니다. 최근 들어 빅데이터가 화두로 떠오르면서 데이터 사이언스(Data Science), 데이터

레이크(Data Lake) 등에 대한 시장의 수요가 증가하고 있습니다.

모 회사에서 이러한 트렌드를 바탕으로 빅데이터에 시도해 보고자 파일럿 프로젝트를 시행합니다. 구체적인 목적도 없고 데이터를 모으면 무엇인가 보이지 않겠는가 하는 막연한 희망으로 시작된 프로젝트였습니다. 결과가 궁금해 그 프로젝트에 참여했던 분에게 물었습니다. 결과는 의외였습니다. 쓰레기 데이터는 모아놓아도 쓰레기였고 결과는 전혀 쓸모가 없었다는 겁니다. 이처럼 목적도 없고 현실 업무가 기반되지 않은 막연한 시도는 결코 좋은 결과를 기대할 수 없습니다. 어떻게 하면 현실 업무의 기반을 만들 수 있을까요?

그 답은 끈기를 기반으로 한 경험의 축적에 있습니다. 예를 들어 금융쪽 IT 프로젝트를 수행했던 사람은 본인의 기술과 상관없이 금융 관련 프로젝트를 끊임없이 수행해야 하며 경력을 쌓아나갑니다. 그리고 다른 비슷한 금융 프로젝트 시작 시 필요한 인원으로 분류돼 다시 한 번 일할 기회를 갖게 됩니다. 업무의 핵심은 업무 지식과 이를 통한 업무의 설계입니다. 프로그램을 만들 수 있는 사람들은 흔합니다.

규모가 있는 회사의 경우 BA(Business Analytics)와 IT(Information Technology)가 나뉘어, BA는 업무 분석만 하고 IT는 설계만 합니다. 개발자는 IT가 만든 개발 요청서를 통해 개발합니다. 프로그래머는 프로그램 작성이라는 영역 내에서 먹이사슬의 가장 낮은 단계에 있습니다. 그들이 해야 할 일은 IT가 만든 업무 정의서로 열심히 프로그래밍을 하는 것입니다.

오랫동안 프로그래머로 생활해온 사람은 IT 생애 전환 주기에서 향후 인생의 방향성을 위해 무엇인가 선택해야 합니다. 즉, 개발 업무 이상의 것을 고민해야 하는 시기입니다. 여기서 개발 업무 이상의 것이란 업무 설계 영역을 말합니다. 업무를 설계한다는 것은 비단 프로그램에만 해당하지 않습니다. IT와 관련된 모든 일에 해당합니다. 주어진 대로만 일하는 것이 아니라 업무를 분석하고 만들어 지시하는 영역입니다. 프로그래머가 아닌 인프라 네트워크 관리의 경우, 트래픽 폭주로 인한 영향 및 혹시 모를 장애 방지를 위해 지방 사무소에 분산 관리되고 있는 인터넷 회선의 사용량을 체크한 후에 증설 계획을 세워야 하고 현지에서 쓰는 각종 네트워크 장비들 중 오래된 것들을 정기적으로 교체해야 합니다. 이것이 바로 업무 설계의 영역입니다.

아무런 준비가 돼 있지 않은 상태에서 갑자기 업무 설계 단계로 진입할 수는 없습니다. 가랑비에 옷이 젖는 것처럼 업무에 관한 지식은 꾸준히 쌓여야 합니다. 뭔가 개발하고 있다면 왜 개발하는지, 어떻게 하면 업무를 개선할 수 있는지에 대해 계속 고심해야 합니다. 누가 왜 어떤 이유로 나에게 이런 업무를 할당했는지도 고민의 대상이 돼야 합니다. 그러한 고민 끝에 얻어지는 결과물이 업무 분석에 대한 통찰력이며 본인의 내공이 됩니다.

개발자의 미래

과연 우리나라에서 정년까지 개발자로만 생활할 수 있을까요? 아무도 찾지 않는 구식 기술을 가지고 있으면 업무에서 배제됩니다. 어쩌면 구식 기술이 유지 보수 업무로 인해 반짝 수요가 생길 수도 있습니다. 반짝 수요로 인해 계약직 프로그래머로 복귀할 수도 있습니다. 그러나 이 경우에도 주요 역할을 맡을 수 없습니다. 각종 의무와 책임은 정규직이 부담합니다. 업계의 시세에 맞춰 계약직으로 고용한 후 회사의 경영 상황을 고려해 연장해서 쓸 것인지, 계약을 해지할 것인지에 대한 대상에 불과합니다. 한 사람이 갖고 있는 내공은 회사의 입장에서 그 시점에 필요해야만 가치가 있는 것입니다.

내공이 어느 정도 쌓인 상태에서 다음 선택지가 무엇일까 고민한다면 정규직 경력을 선발하는 곳을 찾아보길 권합니다. 개발 경력이 10년 정도

됐으면 인건비도 적당하고 심지어 활용할 가치도 많다는 점이 부각될 것입니다.

물론 실력이 출중하면 시장에서 환영받을 수 있습니다. 그러나 약간 애매한 상황일 경우, IT 생애 전환기에 어떻게 해야 할 것인지 본격적으로 고민해야 합니다. 예를 들어 SI 프로젝트에 투입돼 일하는 도중에 고객사 측에서 계속 도와달라고 요청할 경우 받아들이는 것 등이 중요한 변화의 포인트가 될 수 있습니다. 사람들과의 관계나 처세도 중요하지만, 이 중 가장 중요한 덕목은 '실력'과 '성실함'입니다.

그렇다고 해서 처세술과 관련된 책을 읽을 필요는 없습니다. 처세술 책은 사람이 지키지 못할 만한 것들을 끊임없이 나열하고 있기 때문입니다.

여러 과정을 거쳐 정직원이 된 후에도 도전은 끝나지 않습니다. 다만 부당하게 해고될 확률은 좀 더 낮아집니다. 국내 대부분의 회사는 상대 평가제를 채택하고 있으며 승진을 위한 시험이 있는 곳도 있습니다. 마치 〈사망유희(死亡遊戱)〉에서 이소룡이 보스를 깨며 한층 한층 올라가면서 마지막 카림 압둘 자바와 혈투를 벌이는 상황이 매일 반복됩니다. 영화는 시간이 지나면 끝나지만 현실은 내가 죽어야 끝납니다. 회사에서 생활하는 한고과 및 성과라는 틀에서 벗어날 방법은 없습니다. 기본적으로 팀별 구성원 중 일부 비율은 고과에서 C(또는 하)를 맞아야 하며 몇 년 연속으로 C를 맞을 경우 승진 자동 누락에 걸려 동일한 직급으로 인생을 보내게 됩니다.

입지를 굳히기 위한 성과를 만들려면 일단 역할이 정확해야 합니다. 역할을 위해 업무를 하려면 명분이 있어야 합니다. 명분을 쌓으려면 주변 사람은 물론 팀장, 경영진을 설득해야 합니다. 왜 이 업무를 해야 하며, 이 업무의 효과는 이런 것이라고 명확하게 설명할 수 있어야 합니다. 막연하게 이 업무를 수행하면 업무가 개선된다고 이야기하기보다 프로그램을 신규 개발하거나 로직을 수정하면 기존 인당 처리 건수가 1일 10건인데, 16건으로 획기적인 개선 효과가 있다는 구체적인 설명을 해야 누구든 고개를 끄덕이게 됩니다. 그렇게 하면 어느 날 CEO가 악수를 청하며 다음과 같이 말할 것입니다.

"자네 일 좀 하는군."

프로그래밍 기술은 말 그대로 한낱 기술에 불과합니다. 이는 절대 다수의 성실한 프로그래머를 비하하려는 의도가 아니라 회사에서 IT를 바라보는 입장입니다. 본인이 갖고 있는 기술이 반드시 쓰임이 있어야만 하는 상황을 끊임없이 고민하고 만들어 나가야 합니다. 이런 상황은 계약직, 정직원, 경력의 많고 적음에 상관없이 꾸준히 만들어야 합니다. 현재 자신이 속해 있는 곳에서 뜻을 관철하기 어려운 상황이면, 새로운 기술을 배워 다른 곳을 찾아야 합니다. 마치 해리 포터가 호그와트에서 더 배울 마법이 없다면 새로운 마법 학교를 찾아야 하는 상황과 같다고 이야기할 수 있습니다.

주위를 둘러보면 똑똑한 선후배가 많습니다. 이 사람들에게 적극적으로 배워야 합니다. 여러 사람과의 대화 속에서 자신의 미래에 대한 해답을 얻을 수도 있습니다. 미래를 예측하는 예언서를 통해 미래를 어렴풋이 느낄 수도 있지만, 주변의 현명한 사람을 통해 유용한 지식을 얻는 것이 오히려 쉬울 수 있습니다. 우리는 현실을 살아가고 있기 때문입니다.

프로그래머의 본분은 한마디로 버그 없는 프로그램을 작성하는 것입니다. 아무리 하찮은 일이라도 실수가 없어야 합니다. 이는 프로그래머의 기본입니다. 프로그램을 만들면서 보통 누구나 'Hello World'라는 단어를 화면상에 출력하는 샘플 코드를 작성합니다. 다음 코드는 C 언어의 예제입니다.

화면을 출력한 후에는 세상을 구원한 듯한 벅찬 감동에 휩싸입니다. 그리고 열심히 공부해서 최고의 프로그래머가 되겠다고 다짐합니다. 그런 다음 엄마에게 카드를 빌려 YES24나 알라딘에서 기본서와 고급서를 주문합니다.

시작이 반입니다. 이미 전문 프로그래머가 된 듯한 생각에 마음이 가볍습니다. 프로그램을 작성해본 사람만이 프로그래머들과 일할 자격이 있습니다. 그 생활에서 얻는 경험은 나중에 업무 지식과 결합했을 때 더욱 큰 시너지 효과를 내게 됩니다. 이제 프로그래머 업무의 영역에서 미래에 도움이 되는 업무 방식을 모색해보겠습니다.

IT 프로그래머의 업무 영역

프로그래밍 언어의 의미

프로그래머의 입장에서 볼 때 무한 긍정의 마음을 갖고 있는 사람은 발전하기가 쉽지 않습니다. 무한 긍정의 마음은 중간 장애물에 대한 대비책이 전혀 없기 때문입니다. 뭐든 적당히 해도 어떻게 될 거라는 생각은 프로그래머의 세계에선 통하지 않습니다. 한국에서는 이미 역사의 뒤안길로 사라진 언어입니다. 사실 오래된 언어라도 익히기 쉬운 프로그래밍 언어는 없습니다. 다음은 미국의 모 취업 사이트를 참조한 것입니다.

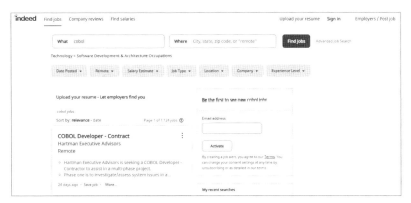

(출처: indeed.com)

고대 언어인 코볼(COBOL)이나 포트란(FOTRAN)의 경우, 80칼럼에 갇혀 정해진 규칙을 배워야 합니다. 디버깅 또한 매우 어렵습니다. 윈도우 환경은 아예 지원하지 않습니다. 고대 언어인 코볼이나 포트란을 배울 필요는 없지만 굳이 말리진 않습니다. 미국에선 아직도 쓰는 회사가 있습니다. 믿기지 않겠지만 미국 시장에서는 여전히 팔리는 기술입니다.

참고로 지금 한국에서 코볼을 교육하는 곳은 없습니다. 한국은 4GL을 유행처럼 쓰다가 지금은 객체지향 언어인 자바로 전환했기 때문입니다. 자바에 대해 궁금한 사항은 정보문화사의 『초보자를 위한 Java 200제(2판)』를 이용해 실습하면 됩니다. 회사의 입장에서 어떤 언어를 쓰는지는 그다지 중요한 문제가 아닙니다. 프로그래밍 언어는 회사의 영업을 위해 또는 내부적인 관리를 위해 필요한 툴 이상의 것이 아닙니다. 중요한 것은 일하는 사람의 성향과 주변의 여건입니다. 기술은 기술일 뿐입니다.

프로그래머의 기본자세

　프로그래밍 언어는 말 그대로 행마법에 불과합니다. 행마법이란, 장기를 둘 때 포(包)는 건너뛰어서 움직이고 차(車)는 동서남북으로 움직인다는 기본적인 룰을 배우는 것을 말합니다. 이보다 중요한 것은 '과연 이 말들을 어떻게 풀어야 경기에서 이길 것인가?'입니다. 행마법에 불과하지만 장기의 말처럼 움직이고 역할을 수행해 나가는 개인 역량이 밑받침이 돼주어야 합니다. 다시 말하면, 정확한 프로그래밍 문법을 익혀 프로그램을 버그 없이 잘 작성하는 것이 중요하다는 것입니다.

　필자의 주변에 경력은 오래됐지만 기초가 전혀 쌓이지 않은 직원이 있습니다. 이 직원의 경우 신입 시절부터 어떤 프로그램이든 제대로 작성한 적이 없습니다. 심지어 본인이 특정 프로그램 작성에 대한 책임을 맡아도 결국 마무리는 다른 직원이 할 수밖에 없도록 해왔습니다. 그 결과 주변에 사람이 없어지고 아무도 그 직원과 일을 하려고 하지 않습니다. 본인 손으로 완성품을 만들어본다는 개념은 조각가가 역사에 남을 조각품을 만드는 것과 같습니다. 대학교 조별 과제 수행 시 편승하는 사람이 꼭 있습니다. 그런 사람은 아무런 노력 없이 점수를 취득하곤 합니다. 편승하는 사람에게 무엇이 남을지는 의문입니다.

　완성도를 높이기 위해서는 집중이 필요합니다. 이유는 단순합니다. 프로그램을 잘 만들어야 많은 사람이 불편하지 않기 때문입니다. 이는 본인의 의지로도 충분히 달성할 수 있지만, 주변의 완벽주의자를 찾아 벤치마킹하는 것도 좋은 방법입니다.

　완벽주의자를 흉내내는 사람은 타인에게만 완벽하고 본인에게는 그렇지 않은 경우가 많습니다. 선천적으로 본인에게 완벽한 사람은 버그나 코딩의 완벽함이 훼손되는 것을 견디지 못합니다. 따라서 더 빠른 실행 속도, 더 쾌적한 코드, 완벽한 주석 그리고 쉬운 인터페이스 등 본인의 인생을 프로그램 속에 포함시킵니다.

주변에 알아주는 사람이 없더라도 이런 사람의 소스를 보고 분석해 본인의 업무 기술에 적용하는 노력이 필요합니다.

수능 만점을 맞는 친구들은 항상 "하루에 국·영·수 위주로 8시간씩 공부하고 8시간 동안 충분한 수면을 취해 만점 맞았어요."라고 말합니다. 이런 학생들은 다른 친구들이 주말 놀이를 가거나 낮잠 잘 때도 공부를 게을리하지 않은 성실한 학생들입니다. 학원을 다니고 과외를 받아도 본인의 지식으로 만들기 위해 이해될 때까지 학습하므로 남들보다 공부를 잘할 수밖에 없습니다. 업무 수행 역량도 이와 동일한 패턴으로 향상됩니다. 특정한 업무를 맡게 됐을 때, 주변에 도움의 손길을 요청했을 때 실제 도와줄 수 있는 사람이 없는 경우가 있습니다. 이 모든 것을 스스로 해결해야 하는 경우를 예로 들어보겠습니다.

개요
- SI 프로젝트에 투입할 때 이미 완성된 상태로 그냥 코딩만 하면 된다고 함.
- 실제 상황
  - 데이터베이스는 불완전하게 구성
  - 업무 정의서는 대충 작성
  - 프로젝트 매니저의 5분에 걸친 간략한 시스템 설명
  - 필요한 경우, 현업 직원과 직접 이야기하라는 친절한 가이드

대응 방법
- 회피 또는 적극 대응

회피할 수 없을 때는 일단 버텨야 합니다. 업무 체계를 비상 모드로 변경해 생존하기 위한 방법을 찾아야 합니다. 지식과 인맥을 총동원해 업무의 틀을 바로 세우는 작업이 우선입니다. 자료를 정비하고 본인에 맞는 개발 환경을 다시 설치하고, 모호한 업무 정의와 부실한 데이터베이스를 다시 작성해야 합니다. 일단 가능한 모든 정보를 수집합니다. 업무 표준 체계

가 없다면 개인의 창조적 역량을 극대화시킬 수 없습니다. 그렇다면 이 시점에서 발휘해야 하는 진정한 개인기는 무엇일까요?

- 정확한 업무 파악
- 시스템 설계 표준 규약 파악(데이터베이스, 코딩 시에 참조할 딕셔너리 등)
- 주요 함수의 경우 공통 모듈에서 제공해야 함.
- 해당 라이브러리를 파악해 선언
- 남들이 짜놓은 표준 코드 참조(원시 코딩은 어려움)
- 화면 디자인을 참조해 각각의 오브젝트명을 파악한 후에야 코딩을 시작할 수 있음.
- 개인차가 있을 수 있지만 준비가 잘돼 있는 경우, 빠르면 하루에 2본도 개발할 수 있음.
- QA 조직에서 검수 및 테스트해야 함. 프로그램 개발자 스스로 본인의 이름을 걸고 제품을 만들어 시장에 내놓은 상품인 만큼 보다 정확한 테스트가 필요
- 테스트가 완료돼야 비로소 해당 창작물이 타인을 위해 널리 쓰이게 됨.

물론 이 안에서도 막장의 상황은 있습니다. 막상 개발해야 하는데 데이터가 없어서 데이터베이스 관리자에게 물어보니 아직 기존 데이터베이스 정리가 끝나지 않아 신규 데이터베이스로 옮기지 못한다고 합니다. 하염없이 기다리다가 불현듯 스스로 넣겠다고 결심하고 데이터베이스 구조를 파악하고 데이터를 생성한 후 한꺼번에 데이터를 업로드합니다. 그러면서 자조 섞인 푸념을 하게 됩니다. 이렇듯 황당한 경우는 실제 업무 환경에서 언제든 발생합니다.

다른 관점에서 살펴보면 이는 회사와 계약을 맺고 수행하는 채권 행위에 의한 것이며, 이것에서 파생된 채무를 이행하는 것이 월급을 받고 일하는 직장인의 본질이라 할 수 있습니다. 회사에서 일한다는 것은 기본적으로 본인이 일하는 것에 대해 회사가 비용을 지급하고 채무자는 그 채권에 대한 의무(=일하는 것)를 다하는 것을 말합니다. 이것이 올바른 계약의 실현 형태입니다. 이는 결코 회사 측의 입장에 대한 것이 아니라 프로그램의 완성도에 대한 것입니다.

프로그램의 완성도 높이기

프로그램의 완성도는 끝이 없습니다. 그러나 관심 있게 들여다보는 만큼 완성도가 올라갑니다. 당연한 이야기지만 충분한 테스트를 통해 작성자가 만족하면 사용자의 만족도가 함께 올라갑니다. 예를 들어 일본의 반다이에서 발매한 '건담'을 조립한다고 가정했을 때 가조립 자체만으로도 멋있기는 합니다. 그러나 내부 프레임에 노색한 후 메탈 색깔로 무광 마감을 하고, 장갑을 씌우고, 무광 스프레이로 코팅하고 사제 데칼을 구매해 멋지게 데칼링을 하면 전시회 출품작 같은 모습을 띄게 됩니다. 웨더링까지 살짝 넣어 전쟁의 상흔을 만들면 당장이라도 우주 전쟁에 출전할 수 있는 현실감 있는 모습이 완성됩니다.

프로그램이 작동되니 본인이 할 일은 다 했다고 서둘러 마무리하는 것은 프로그램을 대충 만들어놓고 방치하는 것과 같습니다. 월급의 많고 적음을 떠나 이 프로그램을 사용할 수백 명의 사람, 이 모듈에서 저장되는 모든 데이터와 연결된 프로그램들에 영향을 미칩니다. 지구 반대편에서 나비가 날갯짓을 하면 폭풍이 휘몰아친다는 나비 효과까지는 아니더라도 그에 준하는 여파가 발생합니다. 완성도 100%의 시스템은 이 세상에 존재하지 않습니다. 유명한 게임도 출시한 후 'DLC(Download Contents)', '서비스 팩'이라는 이름으로 끊임없이 버그 패치를 내놓습니다. 하지만 기본적으로 프로그램의 완성도는 프로그래머의 태도와 손 끝에 달려있습니다. 완성도를 높이는 것은 업무 수행자의 기술력 향상을 통해 얻을 수 있다기보다 종합적으로 모든 것을 고려해볼 수 있는 시야를 갖게 됐을 때 비로소 이룰 수 있는 것이라고 생각합니다. 또한 타인에 대한 배려와 같은 기본적, 도덕적 규범도 완성도에 영향을 미칩니다. 이 프로그램으로 인해 타인이 불편을 느끼면 안 된다는 생각이 저변에 깔려 있어야 합니다.

프로그램을 작성한 후 컴파일하고 운영 시스템에 반영하면 끝이 아닙니다. 완성도는 진지하게 보는 만큼, 테스트 횟수에 비례해 올라갑니다. 야구에서의 타율에 비유할 수 있습니다. 집중해서 안타를 잘 치는 사람에게 출전 기회가 자주 주어지고, 자주 출전해야 안타나 홈런을 칠 확률도 높아집니다. 프로그램 완성도도 동일합니다. 본인의 경력을 쌓으려면 중요한 프로젝트에 자주 참여해야 하고, 자주 참여해야 개인의 기술 또한 향상됩니다.

요청 사항 수렴하기

단순히 버그 없는 프로그램을 작성하는 것만이 아닌 고객의 요구 사항을 수렴해 완성도를 높이는 단계에서는 어떤 식으로 진행하는 것이 좋을까요? 버그는 없지만 업무에 적용하는 과정에서 개발된 메뉴 자체가 취소될 여지도 있습니다. BA나 IT가 역할을 충실히 수행했다면, 아마도 개발 스펙이 바뀌거나 결과가 왜 이렇게 나왔느냐며 비난과 질타를 받을 일이 없습니다. 그러나 우리의 일상은 바람과는 항상 다르게 흘러갑니다. 프로그램 요청자의 입장에서 분명히 자기는 이렇게 요청했는데 나온 결과가 이게 뭐냐고 비난받을 수 있는 상황은 쉽게 만들어집니다.

특히 규모가 작은 회사에서 프로젝트를 수행할 경우, 프로그래머가 BA와 IT의 역할까지 다 해야 하므로 이러한 상황에서 결코 자유롭지 못합니다. 물론 분업화가 잘돼 있는 회사에서는 이럴 일이 발생하지 않을 것이고, 구성원들의 업무 만족도도 높을 것입니다. 온갖 클레임을 BA나 IT를 통해 해결할 수 있기 때문입니다.

만약 당신이 업무 분석, 업무 설계, 프로그래밍까지 다 해야 하는 상황이라면 이렇게 쉽게 끝나지 않습니다. 모든 비난을 온몸으로 감내해야 하는 상황이 쉽게 만들어집니다. 따라서 본격적인 대응이 필요합니다. 업무에 관련된 이메일, 메신저 내용 등과 같은 자료를 잘 수집해 놓아야 합니다. 업무를 진행할 때 설계에 집중해 비난받을 만한 이벤트를 최소화하는 것이 행복지수를 높일 수 있는 최선의 방법입니다. 주요 팁은 다음과 같습니다.

- 각종 회의 자료를 작성, 특히 주요 의사결정 사항에 대해서는 현장에서 확인 사인을 받음.
- 회의 후 회의록을 참가자에게 꼭 메일로 송부하고 혹시 다른 의견이 있으면 특정 시점(구체적 일시 명시)까지 회신을 달라고 기록할 것
- 측면의 텍스트 박스를 옮기거나 기존에 없던 필드를 하나 만들기 위해서는 데이터베이스 수정, 소스 코딩, 연관된 다른 모듈이 수정이 필요함.
- 시행착오를 최소화하기 위해서는 주변의 의견을 충분히 수렴해야 함.
- 테스트를 요청한 후 결과에 구체적인 일시를 명시해 회신을 요청함.
- 최종 확인 후 프로덕션(Production) 환경에 적용함(개발 환경 탈피).

이제 시제품이 완성됐습니다. 지금부터 할 일은 다음과 같습니다.

QA 조직 및 테스트 조직이 있을 경우에는 그 조직에게 검증해달라고 요청하면 되지만, 개발자 스스로 책임져야 한다면 예상 시나리오를 수립한 후 직접 테스트해야 합니다.

'분업이 제대로 안 돼 있는 회사는 절대 들어가지 않을 것'이라고 결심해도 인생은 본인이 원하지 않는 방향으로 흘러갈 수 있습니다. 또한 나름 질서가 잡혀있는 회사에 들어가더라도 행복지수와는 거리가 먼 경우도 종종 있습니다. 업무를 둘러싼 정치 역학이 발생하기 때문입니다. 회사에서의 행복지수는 누구를 만나는가, 누구와 같이 일하게 되는가, 상사는 누구인가 등 인복과 비례하기 때문입니다. 일과 조직도 가치가 있어야 하지만, 사람은 사회적 동물이므로 혼자서 할 수 있는 것에는 한계가 있습니다.

불합리한 IT 조직의 상황을 전혀 겪어보지 않은 사람은 이를 이해하기 어려울 수 있습니다. 업무 영역만이라도 잘 구분돼 있으면 일은 어떻게든 수행해 나갈 수 있습니다. 하지만 업무 영역이 모호하면 분석, 설계, 개발, 테스트는 물론 매뉴얼 작성, 교육까지 해야 하는 경우가 많습니다.

이러한 현실을 타개하려면 조직을 정비해야 하고 역할을 정리해야 합니다. 조직을 개편하는 데는 경영진의 의지가 있어야 합니다. 경영진이 이

에 대해 아무런 관심이 없다면 개선은 이뤄지지 않고 조직은 발전할 수 없습니다. 경영진의 입장에서는 조직 개편에 따른 불편함과 혼란스러움을 반길 이유가 없습니다. 사실 사람을 무한 자원이라고 생각한다면 어떠한 이슈가 생겨도 모두 담당자의 책임이라고 이야기하는 것이 가장 편리하고 간단한 방법입니다. 중간 관리자들이 서로의 영역 싸움으로 조직 변경 및 재구성에 조금도 관심을 두지 않는 것도 조직이 발전하지 않는 것에 한몫을 합니다.

개발 후 업무에 적용하기

작성한 프로그램을 실제 업무에 적용할 때는 보통 '개발계에서 운영계에 적용한다.'라고 표현합니다. 발생할 확률이 가장 높은 것은 완성도와 관련된 클레임입니다. 요청자의 입장에서는 최초 자신이 의도한 바와 다르게 프로그램이 제작됐다며 항의할 수 있습니다. 요청에 따라 정확히 작성했다면 절대 당황하거나 분노하지 말고 진행 과정에서 있었던 자료를 모아 감사팀에 제출하면 됩니다. 이와 함께 내부 보고 체계에 맞춰 담당 팀장과 임원에게 보고하면 됩니다. 한 가지 유의해야 할 점은 현업 쪽과는 절대 공유해선 안 된다는 것입니다. 아무리 관계가 좋더라도 자신이 불리해지면 결국 본인의 이익만을 추구하기 때문입니다. 따라서 작성자에게 불리한 증언이 생길 여지를 만들지 말아야 합니다.

이처럼 작은 노력으로 복잡한 상황을 깔끔하게 마무리할 수 있습니다. 사실 관계를 따지되 불리한 상황은 최소화해야 합니다. 상사에게 원색적인 비난을 들을 수도 있습니다. 가볍게 무시하고 팀 내의 다른 중요한 일에 집중하면 됩니다. 상사도 어차피 회사 소유자가 아닙니다. 기껏 할 수 있는 것은 '고과'뿐입니다. 그 이외에 할 수 있는 것은 그다지 많지 않습니다. '왜 그러시냐.'며 넉살을 떨어도 화를 내는 경우도 있습니다. 웃는 얼굴에

침 뱉는 사람이 의외로 많습니다. 넉살도 사람 봐가면서 떨어야 합니다.

버티기 어렵다면 팀을 옮기거나 이직해야 합니다. 이직이 여의치 않고 본인의 신분이 정직원일 경우 처음 한 번은 참아봅니다. 만약 두 번째에도 똑같은 이벤트가 발생한다면 "지금 뭐라고 하셨어요?"라며 조금 노려보면 됩니다. 그러면 다음부터 말을 안 할 것입니다. 거친 반응을 보이는 사람에게 계속 시비를 거는 사람은 많지 않습니다. 특히 회사에서 목소리가 큰 사람일수록 본인의 평판에 신경을 쓰는 소심한 사람일 가능성이 큽니다. 이런 사람에게 고분고분하면 회사 생활이 더욱 힘들어집니다. 사람은 특성상 '을'처럼 행동하는 사람에게 '갑'처럼 대하는 성향이 있기 때문입니다.

상대방이 높은 위치에 있더라도 막상 그런 상황이 나중에 당신에게 도움이 될 확률은 낮습니다. 당신이 일부러 나서서 잘해줄 필요는 없습니다. 그 사람에게 무엇인가 받을 수 있다는 기대는 하지 않아도 됩니다. 다들 자신의 앞가림하기에도 벅찬 상황이기 때문입니다. 또한 업무를 진행할 때 일부러 말을 아끼거나 조심할 필요는 없습니다. 있는 그대로 진행하되, 이런 상황을 책임질 수 있는 배짱만 있으면 됩니다. 조심한다고 해서 더 나아질 수 있는 것도 없습니다. 필요한 일, 해야 할 일만 하면 됩니다.

사람은 누구나 공평하고 존중받을 권리가 있습니다. 나를 존중해주는 사람에게는 존중하는 마음으로 보답해주면 되고 아무런 이유 없이 비난하는 상사들에게는 비난받을 이유를 하나 이상 만들어주면 됩니다. 본인 업무에 충실하다면 사실 이렇게 해도 별다른 문제는 없을 것입니다. 뭔가 평계 댈 일을 포착하기 어렵기 때문입니다. 자기 자신에 대한 신뢰를 바탕으로 업무 역량을 키우는 데 더 집중하면 됩니다. 절대 괴로워하거나 자책할 필요는 없습니다.

개발 요청 사항의 유형

개발자에게 요청하는 사람의 유형은 매우 다양합니다. 물론 반드시 업무에 필요한 것들도 있지만 단순 편의 기능을 그럴듯하게 포장해 요청하는 등 본질과 동떨어진 요청을 할 수 있습니다. 요청 사항의 유형은 다음과 같습니다.

■ 애사심 호소형

'회사를 위해 ○○ 프로그램을 개발해야 한다.'라고 주장하는 경우를 말합니다. 프로그래머라면 고객이 원하는 것을 정확하게 파악해 시스템으로 정확히 구현해야 한다고 생각합니다. 이 점은 개발자 입장에서 강조하는 부분이며 특히 대규모 프로젝트에 투입되는 사람에게는 더욱 그렇습니다. 이미 업무 스펙이 정의돼 있고 업무 분석서가 만들어져 있으며 개발해야 할 분량도 산정돼 있다고 가정해봅시다. 이 경우, 외부에서 파견된 SI 프로그래머라면 노트북을 들고 출근한 시점에 데이터베이스 접속 및 개발 툴 등 기본 세팅을 끝낸 이후 즉시 프로그램을 작성할 수 있습니다. 정직원 프로그래머의 입장도 비슷합니다. 외부에서 투입된 개발자와 일반 회사의 사원, 대리까지는 상황이 비슷할 수 있습니다. 직장 상사가 업무를 정의했고 분석이 끝났으니 정해진 가이드대로 언제까지 프로그램을 작성하라는 과제가 주어집니다.

개발 요청자인 현업 부서의 직원과 회의할 때는 여러 가지 의견을 주고받습니다. 주어진 업무에 대한 당위성과 진행 시에 투입될 개발자의 수까지 다루게 됩니다. 흔히 개발자의 수는 'M/M(Man per Month)'이라고 합니다. 프로그램 개발뿐 아니라 컨설팅 영역에까지 널리 활용되는 단어입니다. 간단한 예를 들어보겠습니다.

- 프로그램 30본을 개발
- 1인당 20일 기준, 하루에 2본씩 작성. 테스트를 포함해 대략 2M/M이 소요
- 1명이 2개월, 2명을 투입하면 1개월

사실 회사 내부의 업무 요청자들은 이러한 상황에 별다른 관심이 없습니다. 그들이 관심을 갖는 것은 '요청 사항이 언제 구현되는가?' 하는 것입니다. 누군가 2M/M짜리 프로그램 수정 요청을 한다고 가정하면, 개발자 1인당 단가가 1,000만 원이라고 했을 때 한 달에 대략 2,000만 원짜리 프로젝트를 수행하는 셈이 됩니다. 본인들의 월급보다 많이 들어가는 리소스에 대해 관심을 두지 않는 배경에는 개발은 IT가 알아서 하라는 무언의 강요와 결과가 좋지 않을 경우 책임을 지라는 뜻이 포함돼 있습니다. 현업의 개발 업무 요청자들이 프로그램 개선을 요청하는 이유는, 업무 성과에 반영할 업무를 찾아야 하는데 이것을 전산 시스템 개발로 접근하는 것이 가장 수월하기 때문입니다. 대부분의 일을 IT가 직접 수행하기 때문에 현업 부서의 입장에서는 큰 노력을 들이지 않고 성과를 가져가는 경우도 생깁니다.

해당 프로그램을 이용하면 전사적으로 엄청난 효과가 있다고 주장하고, 실제 그 효과가 입증될 수 있다면 그런 사람은 IT 부서로 영입해야 합니다. 하지만 대부분의 경우 본인이 맡은 업무 외적인 부분까지 볼 수 있는 넓은 시야는 갖기 어렵습니다. 하나의 영역만 다루는 요청자의 입장에서는 해당 프로그램을 적용했을 때 전체에 어떤 영향을 미치는지 파악하는 것이 어렵습니다.

회사를 위해 필요하다고 이야기하지만 정말 회사를 위하고 해당 프로그램을 사용하는 사람들을 위한 제안이 과연 몇 가지나 될지는 의문입니다. 이런 사람들의 목적은 대부분 본인의 입신양명 또는 본인이 속해 있는 조

직의 위신 향상입니다. 무엇인가 의미 있는 IT 관련 업적을 만들어 본인과 팀의 KPI에 도움이 돼야 한다는 생각은 IT 외에 다른 것으로 고과를 위한 업적을 만들 수 없을 때 사용하는 방법입니다. 특정한 아이템을 이슈화해 사내에서 주목받고, 아이디어를 발제한 후 설계 및 화면 구성, 개발 등의 역할을 IT 부서에 전가하는 것입니다. 일종의 전시 행정용 이벤트가 많고, 그렇게 해서 만들어진 시스템은 오픈 후 완료 보고서를 위한 소재가 된 후 사람들의 뇌리에서 사라지게 됩니다. 이후 담당자가 사라지면서 해당 시스템의 존재 또한 사라집니다.

이러한 현업 요청자는 이 시스템이 개발되면 본인과 팀 업무에 상당히 도움이 된다는 말을 자주 합니다. 그러나 도움이 된다는 것은 그 자체로 정량화되지 않으면 의미가 없습니다. 간단히 이 시스템의 구현을 통해 하루에 2명이 4시간씩 하던 업무가 1명, 2시간으로 줄어든다는 식으로 정량화할 수 있어야 합니다.

사내 시스템은 공공재의 성격을 갖고 있습니다. 특정 개인을 위한 시스템이 아닐 뿐 아니라 해당 시스템을 쓰는 부서는 물론 유관 부서에도 효과가 전달될 수 있어야 합니다.

엑셀로 작업하기 힘드니 수작업으로 만드는 엑셀 파일을 클릭 몇 번으로 조회 및 출력해 보고서 작성 시간을 줄이고 본인의 여유 시간을 확보하겠다는 의도를 숨기고 '팀 업무의 효율을 향상시키기 위해' 또는 '회사의 영업 생산성을 향상시키기 위해'라는 명분으로 포장해 요청합니다. 이러한 방식으로 업무를 진행하면 얼마 지나지 않아 사람들의 뇌리 속에서 잊혀지는 상황이 발생합니다. 쓸모없는 개발에 소요된 IT의 각종 리소스(하드웨어 구입, 인력 투입, 솔루션 도입 등) 투입 비용도 기억 속에서 사라집니다.

■ 타 경쟁사 사용에 대한 외경심

'다른 회사는 이미 개발해 운영 중인데 우리만 없으니 무조건 진행해야한다.'라고 주장하는 경우를 말합니다. 이러한 접근도 흔한 수법 중 하나입니다. 그 의도는 앞의 사례와 비슷하다고 볼 수 있습니다. 대부분의 회사들은 업무 프로세스와 조직 문화가 다릅니다. 타 회사가 갖고 있다고 해서 반드시 우리도 갖고 있어야 하는 것은 아닙니다. 이와 마찬가지로 다양한 리소스 투입 전에 필요성과 정량적 효과에 대해 깊이 고민해야 합니다.

■ 신식 시스템에 대한 갈망

'현재 시스템이 너무 낡아 업무를 진행하기 어려우니 빨리 개발해야 한다.'라고 주장하는 경우입니다. 뭐가 어려운지 구체적으로 입증할 수 없다면 앞의 경우와 같습니다. 구시대적 디자인이라 하더라도 정상적으로 작동 중이라면, 굳이 바꿀 이유는 없습니다. 아무리 낡은 차도 정비만 잘해주면 운행하는 데 큰 문제가 없습니다. 이 경우에는 정확하게 어떤 업무를 진행하기 어려운지를 반드시 서면 형태로 요청해야 합니다.

이와 같이 다양한 현업의 요구 조건에 대해 좀 더 근본적인 질문을 던질수 있어야 합니다. 앵무새처럼 의미도 없는 말을 지껄이는 것이 아니라 본인의 생각으로 이해하고 상황을 파악해야 합니다. 기본적인 체크 항목은 다음과 같습니다.

- 왜 하는가?
- 구축하면 무엇이 좋아지는가?
- 개발 투입 비용은 시장 가격 기준 총 몇 M/M에 얼마인가?
- 운영에 들어가는 예상 비용은 얼마인가?
- 비용 효과 측면에서 총 투입 비용 대비 얼마가 절감되는가?

위 사항에 하나라도 명쾌한 설명이 없다면, 그 시스템은 많은 시간을 들여서 개발된 후 개점 휴업 상태가 될 확률이 높습니다. 실제 회사에도 이런 사례를 많이 발견할 수 있습니다. 보통 하나의 시스템을 오픈하면 전사적 프로젝트가 아닐 경우, 후속 보고를 하게 돼 있습니다. 데이터 축적량은 얼마이고, 하루 클릭률이 몇 퍼센트이고, 업무 활용 현황은 어떤지 등에 대해 주기적으로 정리합니다. 그러나 생각 없는 분들이 만든 시스템으로 이 같은 내용을 정확히 설명할 수 있을지는 의문입니다. 프로그램을 억지로 작성했고 실제 사용량이 저조할 경우 요청자들의 반응은 다음과 같을 것입니다.

"힘들게 만들었는데 IT가 제대로 지원하지 못해 못 쓰고 있어요."
"데이터가 엉망이에요. 그래서 수작업으로 하고 있어요."
"엉뚱하게 만들어서 쓸 수가 없어요."

당연한 이야기지만 본인의 잘못 또는 요청한 해당 부서의 잘못은 그 어디에서도 찾을 수 없습니다. 필자는 IT에서만 근무했기 때문에 한계가 있을 수 있습니다. 그러나 어디에서도 배려를 찾아보기 힘들다면 IT 여부를 떠나 그 상황 자체에 환멸을 느끼게 됩니다. 앞에서도 언급했지만 모든 의사결정 사항은 공식 회의록과 주고받은 이메일, 요청서를 통해 증빙 자료를 남겨야 합니다. 담당자가 퇴사하더라도 실제 그 업무를 기획 및 개발까지 하는 PM의 입장에서는 그 상황을 현명하게 극복할 수 있어야 합니다. '그냥 해주면 되지.'하고 가볍게 접근하기 전에 곤란한 상황이 발생했을 때 여러분들을 보호해줄 수 있는 사람은 아무도 없다는 것을 명심해야 합니다. 주요 업무가 실패했을 경우, 조직의 리더는 실패에 대한 희생양 제조 프레임을 만듭니다. 이러한 희생양 제조 프레임에 당한 사람이 느끼는 데미지는 매우 큽니다.

장애, 에러, 사용률 저조 시 IT 담당자는 비난의 화살을 맞기가 쉽습니다. 사실 일반 기업에서 IT는 업무의 시작과 끝이기 때문입니다. Front End(입력) 단계부터 Back End(비용 처리 등 관리) 단계까지 IT 시스템을 거치지 않고 일하는 것은 현실적으로 불가능합니다. 한마디로 쉬운 먹잇감이 되는 구조인 것입니다. 화살을 쏘는 사람의 의도를 사전에 정확히 읽으면, 상황에 대처할 수 있습니다. 상대방은 희생양을 만드는 것을 즐길 뿐 아니라 어려워하지도 않습니다. 그에게 있어 사람이라는 존재는 이러한 상황을 극복하기 위한 수단에 불과합니다.

학창 시절을 보내며 편 가르기 등의 상황을 모두 한 번쯤은 겪어봤을 것입니다. 하물며 이익을 위해 모인 집단에서는 어떨까요? 더하면 더했지, 결코 덜하지는 않을 것입니다. 작은 실수를 부각해 상대방의 입지를 축소시키고 이를 이용해 이득을 취합니다. 상황이 여의치 않을 때는 프레임을 설계해 타깃을 상황 속에 넣고 공개적으로 명예를 떨어뜨립니다.

중학교 사회 교과서에서는 '기업'은 '이윤 추구를 목표로 하는 사람이 모인 집단'이라고 정의합니다. 이는 PUBG의 배틀 그라운드와 비슷합니다. 한 사람이 영광을 독차지할 때까지 끊임없이 서로 경쟁하며 싸우다가 본인도 게임에서 퇴장을 당하는 서바이벌 게임입니다. 회사의 신입사원들은 이런 이야기를 이해하기 힘들 것입니다. 하지만 앞에서 언급한 지도자형 IT를 지향하는 삶을 추구한다면, 전투 현장에서 끝까지 살아남을 수 있습니다.

고객의 수요에 부합하는 요건 사항을 모두 수렴해 프로그램 완성도를 높이는 것은 기본적으로 본인에게 총구를 겨누고 있는 다른 게이머를 게임에서 퇴출하는 과정과 비슷합니다. 그러한 게이머는 IT 내부에도 있을 수 있고, 고객 사이에 있을 수도 있습니다. 일단 고객을 상대하려면 IT 내부의 적부터 정리하는 것이 좋습니다.

해당 프로그램에 대한 오너십을 갖고 해당 프로그램에 대한 생산 및 유통 교육에 이르기까지 전 과정을 책임져야 하는 경우, 조직 내 타인의 간섭이나 통제를 벗어날 수 있습니다. 그다음에는 외부의 요청자들을 상대해야 합니다. 개발된 프로그램의 유지 보수 업무를 수행 중이라면 현업 부서에서 프로그램 수정 및 변경 그리고 고도화에 대한 주문을 끊임없이 받을 것입니다.

고객의 수요를 모두 반영한 프로그램은 이 세상에 존재하지 않습니다. 그런 프로그램이 있다면 누더기 같은 상태일 것입니다. 프로그램 개발 전 업무 분석 및 요건 정의서가 정확히 기재됐다고 하더라도 나중에 이런저런 핑계를 대면서 요건 정의서에 없는 요청을 하게 됩니다. 이런 접근을 할 때는 본인만의 논리가 있어야 합니다. 이러한 논리는 그냥 만들어지지 않으며 많은 경험과 고민이 필요합니다.

이러한 요구에 효과적으로 대응하기 위해서는 상황을 직관적으로 파악하고 논리의 틀을 만들어야 합니다. 그 논리의 틀을 기반으로 요청자가 판단하도록 해야 합니다. 개발, 운영, 업무 분석 등 역할별 분리가 잘돼 있는 회사에서는 체계적 업무 절차와 전담 BA 역할로 보완될 수 있지만, 대부분의 회사에서는 막연할 수 있습니다. 요구 사항의 수렴은 업무 추진에 있어서 불필요한 인물과 요구조건을 걸러내고 옳은 것을 주장하는 사람만 주변에 남기는 것을 전제로 합니다. 문명인답게 세련되게 접근하는 것이 원칙이지만 필요한 경우 불필요한 사람의 사회적 입지를 없애는 것도 고려해야 합니다.

프로그램 운영하기

소프트웨어를 운영하는 목적은 현재 개발된 프로그램을 좀 더 잘 쓸 수 있게 하는 것입니다. 운영 중에 받을 수 있는 요청의 유형은 다음과 같습니다.

유형 1. 조회 프로그램의 속도 개선 요청

"프로그램이 너무 느려서 못 쓰겠어요. 빠르게 해주세요."

이것이 정당한 요구라면 쿼리를 재작성해 조회의 범위를 줄이거나 데이터베이스 정리 등을 통해 속도를 향상시킬 수 있습니다. 이렇게 하려면 표준 조회 속도에 대한 베이스라인이 사전에 정의돼 있어야 합니다. 시스템 공통 영역의 담당 조직에서 해당 안을 만들 수도 있습니다. 데이터 조회량이 많은 경우, 데이터베이스의 성능 및 데이터 양 등을 감안해 쿼리를 수정해야 합니다. 배치 잡(batch job)이 시스템의 성능에 영향을 미칠 경우 배치 잡 스케줄을 조종해 속도를 향상시켜야 합니다. 이외에도 네트워크 상태를 점검해 트래픽이 몰리는 원인을 파악한 후 속도 이슈를 야기하는 애플리케이션을 찾아 과도한 네트워크 트래픽을 감소시켜야 합니다.

부당한 요구라면 다음과 같이 응대할 수 있습니다. 다른 부서도 마찬가지겠지만 IT 부서는 대충 일하는 곳이 아닙니다. 즉, 전문가 수준의 지식을 갖추고 있어야 사업 계획을 수립할 수 있고 장애 처리를 할 수 있으며 회사의 시스템을 안정적으로 운영 및 유지 보수할 수 있습니다. 하지만 밑도 끝도 없이 비난을 하는 사람들도 있습니다. 이 경우에는 다음과 같이 대응하면 됩니다.

"프로그램 점검해보니 별문제 없다. 공통 프레임워크나 인프라 쪽의 문제인 것 같다."

업무 진행이 결론이 나지 않도록 의도적인 상황을 만드는 것입니다. 즉, 승자가 없는 게임을 시작하는 것입니다. 이런 상황이 되면 보통 관리자가 개입해 분쟁을 해결합니다.

유형 2. 사용 중인 프로그램 화면 수정 요청

단순히 텍스트 박스나 버튼의 위치를 바꾸는 것은 클라이언트 프로그래밍에서 매우 쉬운 일입니다. 하지만 인터페이스 오브젝트(예: 텍스트 박스)를 추가하는 경우에는 이와 관련된 논리, 데이터베이스 등을 수정하거나 손봐야 할 곳이 제법 많아집니다. 대부분의 회사에서는 BA와 IT를 구별하기 힘들기 때문에 업무 시작 전에 요구 사항에 대한 분석을 완료하는 것이 좋습니다. 단순히 요청자 개인의 취향에 따라 업무를 진행할 경우, 불필요한 시간과 노력을 낭비하게 되므로 해당 업무가 왜 필요한지, 얻을 수 있는 효과가 무엇인지, 비용 개선 효과가 있는지 등을 근거 자료로 남겨야 하며 돈은 좀 들긴 하지만 ITSM을 통해 요청 단계별 근거를 시스템으로 남길 필요가 있습니다.

"프로그램이 불편해서 못 쓰겠어요. 버튼의 위치를 조금 수정해주시고 텍스트 박스를 하나 추가해 데이터를 추가로 입력할 수 있도록 해주세요."

이것이 정당한 요구라면 먼저 절차를 통해 요청했는지 확인합니다. 절차는 불편해 보이지만 익숙해지면 오히려 향후 분쟁의 여지를 최소화하는

데 도움이 됩니다. ITSM을 통해 요청한 것이면 승인권자에게 연락해 프로그램에 미치는 영향 및 유효성 여부, 당위성 여부 등을 물어보고 내용을 직접 판단해 승인하거나 거절하면 됩니다. ITSM이나 내부 결재 등의 절차가 존재하는데도 전화나 메신저로만 요청할 경우, 반드시 거절하고 절차를 밟도록 안내해야 합니다. 이메일을 통한 요청이면 반드시 프로그램에 미치는 영향 및 유효성 여부, 당위성 여부에 대한 추가 의견을 수렴한 후 이메일을 통해 근거를 남겨야 합니다. 물론 해당 팀의 간부 사원에게도 통보의 흔적이 남아야 합니다. 작업을 절차 없이 진행하면 언젠가는 부메랑으로 날아온다는 사실을 명심해야 합니다.

만약 부당한 요구라면 수용할 수 없는 사유를 정확히 전달해야 합니다. 요청자의 입장에서 면밀히 검토를 했는데도 IT 프로그래머의 입장에서는 쓸데없는 요청일 수 있습니다. 요청자가 프로그램이 이렇게 수정돼야 일을 제대로 할 수 있다며 무조건 IT가 협력해야 한다고 주장할 수도 있습니다. 실제로 많은 회사에서 불필요한 프로그램을 위해 많은 IT 인력이 재능과 인생을 낭비하고 있습니다. 완곡히 거절했는데도 계속 강요할 경우, 객관적인 사실을 바탕으로 대응해야 합니다.

"해당 프로그램을 수정하는 것이 업무 개선에 도움이 되지 않을 것 같다."
"불필요한 시스템 작업으로 인해 예기치 않은 장애가 발생할 가능성이 높아진다."
"유관 프로그램을 수정하면 시스템이 불안정해진다. 그래도 필요하다면 부서장 확인 및 팀장의 품의가 필요하다."

준비가 부족한 요청자는 더 이상의 추가 액션을 취하지 않습니다. 어떤 종류의 요청이 와도 절대로 침묵해선 안 됩니다. IT 업계에서의 침묵은 무한 긍정이자 입을 닫고 지내는 자는 권리 위에서 잠자는 자와 똑같기 때문입니다. 이를 방치하면 많은 손실이 발생합니다. 따라서 이슈 상황이 발생하면 초기에 적극적으로 대응하고, 확고한 자세로 임해야 합니다. IT 업무에 있어 침묵은 '금'이 아니라 '독'입니다.

업무 성향별 대응 방안

IT 프로그래머로서의 성향별 대처 방안입니다.

■ 지도자형 IT

- 항상 의문을 가짐.
- 프로그램 자체뿐 아니라 전후 맥락을 관찰함(프로그램이 구동하고 있는 프레임워크, 네트워크 등 인프라, 데이터베이스의 튜닝 등).
- 완성된 프로그램을 본인의 이름을 내건 브랜드라고 여김.
- 프로그램 개정 시 향후 확장성을 고려해 공통 모듈을 적용하거나 규격화된 코딩 룰을 적용함.
- 프로그램 개정 시 미치는 영향을 충분히 파악한 후 작업을 진행함.
- 해당 프로그램에 대한 이해당사자를 파악한 후 사전에 합리적 타당성을 충분히 고려함(프로그램은 개인 자산이 아니라 회사의 공공재임).

■ 백성형 IT

- 의문을 갖지 않음.
- 자기가 맡은 범위만 살피고 전후 맥락은 살피지 않음.
- 완성된 프로그램은 팀이 납품하는 것이고 책임은 공동의 몫이라고 여김.
- 승인권자가 시키면 비판 없이 수행함.
- 프로그램 개정에 대한 합리적 타당성은 팀장이 만드는 것이라고 생각함.

■ 노예형 IT

- 의문이 전혀 없음.
- 자기가 맡은 업무를 대신 마무리해줄 사람이 항상 있다고 생각함.
- 가능한 한 일을 미루고, 일을 시킨 사람보다 더 높은 직위의 사람이 시킨 일이 있어서 그 일을 할 수 없다고 대답함(무한 루프가 가능한 방법).
- 상사가 시켜도 일을 바로 시작하지 않음(어차피 팀장, 파트장은 자주 바뀜).
- 일을 하지 않으니 합리적 타당성은 고려 사항이 아님

여기서 중요한 점은 무조건 열심히 하는 것은 경력에 전혀 도움이 되지 않는다는 것입니다. 항상 '왜'라는 의문을 갖고 이유를 스스로 납득한 후에 업무를 진행해야 합니다. 그것이 바로 후회를 남기지 않고 내공을 쌓을 수 있는 최선의 방법입니다.

프로그래밍 업무의 미래-데브옵스

데브옵스(DevOps)의 사전적 정의는 다음과 같습니다.

소프트웨어의 개발(Development)과 운영(Operations)의 합성어로, 소프트웨어 개발자와 정보 기술 전문가 간의 소통, 협업 및 통합을 강조하는 개발 환경이나 문화를 말한다. 데브옵스의 목적은 소프트웨어 개발 조직과 운영 조직 간의 상호 의존적 대응이며 조직이 소프트웨어 제품과 서비스를 빠른 시간에 개발 및 배포하는 것이다.   (출처: 위키피디아)

회사에서 프로그램을 운영하거나 관리하는 것은 매우 번거로운 작업입니다. 프로그램을 수정하거나 신규 적용할 때 현재 운영 중인 업무에 영향을 끼치기 때문입니다. 프로그램을 수정하거나 신규 적용을 하기 위해서는 서버에서 구동 중인 각종 서비스 솔루션을 일시적으로 중단해야 하며 개발 시스템에서 충분히 테스트하지 않았을 경우, 실제로 운영되는 서버에서

발생하는 프로그램의 결함은 사용 중단이라는 리스크로 연결됩니다.

이런 상황을 예방하기 위한 고민의 결과가 바로 '데브옵스'입니다. 아직 국내에서는 이론으로만 소개돼 있으며 실제로 적용하기는 어렵습니다. 데브옵스는 조직 문화의 변경을 동반하기 때문입니다. 협업이 되지 않는 문화에는 정착하기 어렵고 개발자와 현업 직원은 물론 개발자 간에 지속적이고 자유로운 소통이 보장되지 않으면 업무에 적용하기 어렵습니다.

데브옵스의 가장 큰 장점은 현재의 운영 시스템이 살아 있는 상태에서 프로그램을 수정하거나 추가할 수 있고 장애를 가정한 상황을 만들어 끊임없이 프로그램을 견고하게 만들어 나갈 수 있다는 것입니다.

코로나의 장기화로 넷플릭스 구독자가 꾸준히 증가하고 있습니다. 넷플릭스는 1억 6,000만 명의 유료 가입자를 보유한 세계 최대의 온라인 스트리밍 컨텐츠 제공 업체입니다. 넷플릭스는 현재 아마존 클라우드를 사용 중이며 데브옵스 정신에 입각해 전 세계적 규모의 IT 인프라를 관리하고 있습니다. 넷플릭스는 장애 발생 시 바로 구독자가 해지할 수 있는 구조를 이용해 접속 서비스와 고객 만족도에 많은 정성을 기울이고 있습니다.

넷플릭스 내부 사용 도구 중에 '카오스 몽키(Chaos Monkey)'라는 도구가 있습니다. 넷플릭스 내에서 끊임없이 실행되는 빈틈 찾기용 프로그램입니다. 예를 들어 갑자기 서버를 중단하거나 장애를 유발합니다. 이 프로그램을 통해 프로그래머가 일상 속에서 장애에 대처할 수 있는 힘을 기를 수 있고 장애에 강한 시스템을 만들기 위한 노력을 일상화하게 됩니다.

데브옵스는 완벽한 시스템으로 가기 위한 여정이며 완벽한 시스템은 완벽한 조직을 전제로 합니다. 아무리 뛰어난 프로그래머가 있어도 조직 내의 협업이나 자유로운 의사소통이 이뤄지지 않으면 프로그래머의 역량이 빛을 발하기는 어렵기 때문입니다. 이렇듯 데브옵스는 개발 환경과 유연한 조직을 위한 최적의 업무 방식입니다.

조직 문화 관점에서 보면 데브옵스는 완벽한 조직으로 나아가기 위해 업무를 끊임없이 개선해 나가는 일련의 과정을 말합니다. 핵심 개념으로는 애자일(Agile) 개발 방법론 등이 있습니다. 전체 계획을 세워 놓고 차근차근 개발해 나가는 것이 전통적인 개념이라면, 애자일 개발 방법론은 개발 주기 또는 소프트웨어 개발 환경에 따라 유연하게 대처하는 방식을 말합니다. 한마디로 나무를 먼저 보고 숲을 바라보면서 조정해 나간다는 의미라고 생각하면 이해하기 쉬울 것입니다.

고품격의 선진 문화가 있는 회사에서 일하는 것이 가장 최선이겠지만 같은 생각을 하는 사람들과 작게 시작하는 것 또한 의미가 있다고 봅니다. 크지 않은 변화라 하더라도 그런 생각이 확산되고 정착돼 나가면 결국 기업 문화와 업무 환경을 바꾸는 데 많은 도움이 될 것입니다.

IT 기획 및
운영 업무의 장

IT 기획 및 운영 업무 개요

예전에는 6개월~1년 코스의 프로그래밍 교육 기관이 많았습니다. 이 교육 기관을 거친 후 경력을 쌓기 위해 인력 파견 회사에서 처음 프로그래밍을 시작했습니다. 그 당시에는 '4GL'이라는 4세대 랭귀지가 유행했고 그 종류로는 델파이, VB 등이 있었습니다.

오랫동안 프로그래밍을 하면서 다른 사람과 협업도 하고, 업무 역량 및 기술 레벨도 높여가는 등 IT 인력으로서 자리매김하기 위해 최선을 다했습니다.

과장으로 승진한 후 얼마 지나지 않았을 때 새로운 지시가 떨어졌습니다. 갑자기 기획 업무를 하라는 것이었습니다. 그 이유는 단순했습니다. 다른 사람은 바쁘고 기획 업무를 할 사람이 없으니 어쩔 수 없다는 것이었습니다. 당시에는 득실을 따지지 않고 단순하게 반응했습니다. '그래, 남들이 바쁘니 내 시간을 조금만 쪼개면 되겠지.'라고 생각하고 일을 시작했습니다. 그로부터 10여 년이 흘렀고 지금도 똑같은 업무를 수행하고 있습니다. 남들이 기피하는 일이지만 나름대로 장점이 있습니다.

IT 기획 업무의 장점

가장 큰 장점은 IT 업무 전체에 대한 통찰력이 생긴다는 것입니다.

첫째, 신규 솔루션 도입 시 판단력이 향상됩니다.

- 도입 대상 솔루션과 유사 솔루션을 보유하고 있는지 확인합니다.
- 유사 솔루션의 운영 현황을 파악합니다. 얼마만큼 잘 사용하고 있는지가 관건입니다.
- 유사 솔루션의 비용을 파악합니다.
- 신규 솔루션과 유사 솔루션을 비교 · 분석합니다.
- 비용 측면과 운영 효율 측면에서 효과를 정리합니다.
- 해당 솔루션을 유통하는 회사를 찾아봅니다.
- 유통 회사가 복수일 경우, 복수 견적을 받아봅니다.
- 유통 회사에 독점권이 있다면 다른 업체의 경쟁 솔루션을 찾아봅니다.
- 평가의 기준을 세워 점수를 냅니다.
- 최고의 솔루션을 선택합니다.
- 솔루션을 운영할 팀과 파트를 선정합니다.
- 업체와 계약한 후 솔루션을 회사에 입고시킵니다.
- 도입이 완료된 후 검수합니다.
- 계약 비용을 입금합니다.

둘째, 새로운 IT 업무에 대한 기획력이 향상됩니다.

- 신기술은 최신 게임처럼 끊임없이 출시됩니다. 신기술 중에서 회사에 적용할 수 있는 것을 발굴하고 적용합니다.
- 신기술과 관련된 IT 관련 업무를 개선해야 할 수도 있습니다.
- 그냥 남들처럼 루틴(Routine)하게 사는 것이 매우 어렵습니다.

항상 끊임없이 뭔가 찾아야 한다는 것이 압박감으로 작용합니다. 그러나 사람은 적응의 동물입니다. 계속 고민하다 보면 아이디어가 생깁니다. 또한 경력이 쌓이게 되면서부터 더 힘든 도전 상황이 생깁니다. 한마디로 무한 책임의 영역으로 들어갔다는 것을 의미입니다. 즉, 아이디어부터 구현까지 책임져야 하는 상황이 생깁니다. 업무 범위 자체가 상당히 광범위하므로 타 부서 또는 속한 조직 내에서 곤란한 일이나 책임질 일이 생기면 모함을 받는 경우도 있습니다.

IT 기획 업무는 IT 전체에 대한 살림꾼이기도 하며 불필요한 투자 및 IT 관련 비용 지출이 없도록 하는 집사이기도 합니다. 또한 미래에 대한 전략을 세우고 그 전략을 실현하기 위한 실무 확인 사항도 챙겨야 하는 전천후 플레이어이기도 합니다. 컨설턴트가 하는 일과 비슷한 부분이 있지만 컨설턴트와는 다릅니다.

컨설턴트는 전략을 논리적으로 수립하고 상담자들에게 안내하지만 실제 업무 레벨과 경험치까지 프로그램 소스에 녹여 구현해낼 능력은 없습니다. IT 기획자는 그러한 컨설턴트의 허점을 간파하고 교묘한 술책으로 회사에 손해를 끼칠 만한 내용을 집어내어 적극적으로 방어해야 할 의무가 있습니다. 컨설턴트는 전략과 방향성을 위한 참고인일 뿐, 의사결정자의 지위를 부여하는 사람이 아닙니다.

심지어 이 부분은 컨설팅 계약서에도 명시돼 있습니다. 컨설팅으로 인한 방향성에 책임을 지는 것은 '고객사'라고 말입니다. 단순한 책사(冊肆) 정도로만 보면 될 것입니다. 대규모 프로젝트를 위해 컨설턴트를 고용할 경우, 이를 위한 내부 조직을 구성해야 하고 컨설팅을 수행할 영역도 준비해야 합니다.

IT 기획 운영 업무 수행하기

요청 사례
지방 사무소 단독으로 비용 절감을 위해 데스크톱 가상화 솔루션을 도입한다고 통보한 후 본격적으로 도입하기 위한 회의를 하자고 함.

가장 먼저 데스크톱 가상화 솔루션(Virtual Desktop Infrastructure, VDI)을 분석해야 합니다.

제2의 PC 혁명이라 불리는 가상 데스크톱 인프라 시스템 기술로, 가상 데스크톱 생성 블록 및 연결 블록, 자원 관련 블록, 서비스형 데스크톱(DaaS) 클라이언트, 플랫폼 SW 블록 등으로 구분되며, 각 블록은 독립적으로 수행하는 형태로 동작합니다. 즉, 사무실 책상에서 PC 본체가 사라지고 사용자는 PC(모니터, 키보드, 마우스만 존재)나 노트북을 통해 작업하지만 실제 컴퓨팅 환경은 데이터 센터에 구축된 서버에서 운영되는 방식입니다. 서버를 데이터 센터에 두고 필요할 때마다 로그인해 사용할 수 있는 PC를 말합니다. 동일한 데이터와 애플리케이션을 사용하기 위해 같은 PC를 들고 다니는 것이 아니라 어떤 PC든 사용해서 웹을 통해 데스크톱 작업을 연속적으로 수행할 수 있다는 장점이 있습니다. (출처: 위키피디아)

데스크톱 가상화 솔루션은 한마디로 회사의 PC를 단말기 형태로만 사용하고, 실제 서버상에서 모든 개인 업무를 처리할 수 있도록 하는 솔루션입니다. 클라우드 등을 외부에 둘 경우, 기존 네트워크 회선 증설 및 보안 장비 보완 등을 고려해야 합니다. 기본적인 운영 인력도 필요합니다. 데스크톱 가상화 솔루션 도입 같은 갑작스러운 진행 요청이 들어오면 본격 대응 모드로 전환함과 동시에 왜 이런 검토가 이뤄졌는지를 확인해야 합니다.

배경을 확인해보니 지방 사무소의 전산 담당자가 현지 사무소장에게 IT 개선을 위한 과제로 기존의 데스크톱 PC를 가상화로 갈 경우, 비용 및 관리 운영 측면에서 혁신적인 개선점을 도출할 수 있다고 보고했다는 것을 알게 됐습니다. 현지 사무소장이 IT 업무에 대한 지식이 전혀 없으니 내용을 알고 허락했을 리는 만무합니다. '도입에 대한 타당성과 도입 후에 실질적인 개선 효과가 있는가?'라는 점을 중심으로 현재의 업무 환경에 미치는 영향을 분석해야 하는 상황입니다. 지방 사무소 측은 도입을 전제로 한 회의를 원합니다. 본사의 입장에서 진행 여부에 대해 의견만 주는 방향으로 정리한 후 각 중요 요소별로 내부 검토를 진행합니다.

첫째, 비용 측면을 검토해야 합니다.

지방 사무소는 실근무 인원 약 50명의 소규모 오피스로, 대부분 내근직입니다. PC는 대당 약 100만 원으로, 교체 주기는 4년입니다. 연간 교체 대상은 약 30% 정도입니다. 이 경우 연간 교체 비용은 1,500만 원입니다. 매년 교체한다고 하더라도 4년 동안 6,000만 원이면 컴퓨팅 환경을 운영하는 데 전혀 문제가 없습니다. 그러나 가상 데스크톱 솔루션을 도입하면 데스크톱 가상화 관리 서버 도입, 솔루션 도입, 윈도우 OS 도입 그리고 관리 직원 고용 등 초기 투자 비용 및 운영 비용이 많이 발생합니다. 원활한 데이터 송수신을 위한 네트워크 인프라 확충도 염두에 둬야 합니다.

- 초기 투자 비용 2억 원 정도 소요 예상(회선 비용 별도). 단, 회선 비용의 경우 인터넷 회선의 종류에 따라 다름.
- 3년 총 투입 비용 기준 PC 구매의 경우 4,500만 원으로 가정
- 데스크톱 가상화 솔루션 도입 시 비용 2억 원 예상
- 도입비의 20% 정도를 유지 보수 비용으로 산정 시 1년 후 연간 4,000만 원이 발생
- 3년간 2억 8,000만 원의 비용 발생이 예상됨.
- 진행 시 지방 사무소는 기존 대비 2억 3,500만 원의 추가 비용을 지출하게 됨.

일단 비용 효과는 없다는 결론을 내렸습니다.

둘째, 운영 측면을 검토해야 합니다.

신규 솔루션 및 장비를 도입하는 것은 그만큼의 운영 인력 충원을 전제로 하는 것이며, 조직 내의 업무 운영 현황을 보고 판단해야 합니다. 어떤 조직 또는 인물이 적합한지를 먼저 조사하고 해당 인물의 현재 할당 업무량이 과중하지 않은지, 적정 업무량을 기준으로 신규 솔루션 및 장비를 운영할 여력은 되는지 등을 고려해야 합니다. 이 모든 것을 충분히 고려했을

때 도입에 대한 1차 확인이 끝납니다.

현업 직원 중 갑작스럽게 신규 솔루션 도입을 주장하는 사람은 대부분 이런 것들을 잘 고려하지 않습니다. 심지어 IT 조직 내부에서도 이런 시각이 많습니다. 이런 유형의 사람은 매우 단순하게 접근합니다. 괜찮을 것 같다는 생각이 들면 즉흥적으로 반응하는 것입니다. 전체적인 부분을 전혀 고려하지 않기 때문입니다. 그들은 도입한 이후의 운영에 대해서도 고민하지 않습니다. 막연하게 신규 솔루션을 도입하면 조금이라도 나아지겠지라는 생각은 나중에 누군가가 알아서 운영하겠지라는 매우 안일한 생각이 깔려 있습니다.

그들은 회사의 재산을 가볍게 생각합니다. 회사를 위해 몸바쳐 일하겠다는 사고방식은 구시대의 유물일 뿐입니다. 내부적으로는 과거 조직적으로 행해졌던 불합리한 야근이나 강요도 많이 줄어들고 있습니다. 이는 시대가 변하고 있다는 방증이기도 합니다.

필자 또한 월급을 받는 피고용인의 처지이긴 하지만 조직에 곤란하거나 어려운 사람이 생기지 않게 노력하는 것이 합리적인 조직 문화를 만드는 데 도움이 되지 않을까 생각하곤 합니다.

결론적으로, 도입 후 즉시 쓸모가 없어지는 시스템은 애초부터 진행하지 않는 것이 좋습니다. 향후 운영을 어떻게 할 것인지에 대해 최초 기안자에게 질문합니다. 기안자는 "여력도 없고 따로 맡길 사람도 없다."라고 합니다. 향후 운영 방안은 불투명합니다. 일단 도입 시의 효과를 진단해봅니다.

샛째, 도입 효과의 측면을 검토해야 합니다.

최초 기안자는 도입 효과가 보안 관리 및 PC 구매 비용 절감이라고만 이야기합니다. 검토 결과 비용 측면에서 PC 구매 비용을 상쇄할 만한 재무적 효과가 없습니다. 또한 운영 측면에서는 팀 단위 또는 개인 단위의 파일을 개인 PC에 저장해야 하고 수시로 출력해야 하므로 데스크톱 가상화 솔루션은 대다수의 사용자에게 불편함을 야기할 가능성이 매우 큽니다.

우리는 역사를 통해 위정자의 그릇된 판단으로 다수의 백성이 도탄에 빠지는 경우를 많이 경험했습니다. 이런 관점에서 볼 때 IT 담당자는 도입의 타당성을 정확히 판단해야 할 의무가 있습니다. 솔루션은 본인만을 위한 것이 아니라 여러 직원이 동시에 사용해야 하는 공공재이기 때문입니다.

결과적으로 지방 사무소의 데스크톱 가상화 추진 방안은 무효 처리됩니다. 기안자의 의지대로 진행됐다면 회사의 입장에서는 불필요한 지출이 발생하는 것은 물론 사용자들은 변화된 업무 환경 때문에 한동안 고생했을 것입니다. 단순한 의도로 무리하게 시스템 도입을 진행하면 몇 년 이내에 아무런 효과도 없이 방치 상태로 갈 확률이 높습니다. 따라서 방치하지 않고 잘 쓸 수 있는 여건을 만드는 것이 중요합니다. 이것이 바로 회사의 입장에서 IT 기획 운영 및 역할의 중요성을 강조하는 부분입니다.

IT 기획 및 운영 주요 사례

업체와 계약하기

기업에게 계약 비용은 해당 서비스에 대한 반대급부의 역할을 합니다. 다만 잊지 말아야 할 부분은 그러한 반대급부는 정확하고 합리적이어야 한다는 것입니다. 참고로 글로벌 벤더도 믿지 않는 것이 좋습니다. 깨알 약관까지 상세히 살펴보는 고객이 없다는 것을 빌미로 온갖 종류의 독소 조항을 넣는 경우가 많기 때문입니다. 제안사의 입장에서 합리적 제안도 필요하지만, 고객사의 입장에서 챙겨볼 것이 몇 가지 있습니다. 일단 계약의 타당성 검토, 즉 솔루션이나 장비의 도입 당위성에 대해 방향성이 설정된 것으로 가정해봅시다. 도입하기로 결정한 후 영업 사원의 제안을 받는 상황입니다.

1번 호구 고객
"우와 좋은데요? 내일 모레까지 내부 품의 완료할 테니 계약서 가지고 오세요."

2번 호구 아니 고객
"비용 산정의 근거를 이야기해주세요. 납득시켜주면 고려해보겠습니다."

1번의 경우 만약 비즈니스가 계속 이어진다고 가정할 경우, 호구 고객으로 등극할 확률이 100%입니다.

솔루션을 도입하기 위한 계약을 했을 경우, 1년 후에는 유지 보수 계약을 해야 합니다. 보통 유지 보수 요율은 오픈 프라이스(Open Price)이며, 글로벌 벤더의 경우 도입가의 15%에서 22% 정도 차지합니다. 하지만 연 단위로 무조건 올리는 경우가 대부분입니다. 벤더 측에 인상에 대한 설명을 요청했을 경우 보통 다음과 같이 답변합니다.

"글로벌 정책이라 어쩔 수 없습니다."
"도입가를 워낙 싸게 드려 인상할 수밖에 없었습니다."
"코로나로 환율이 인상돼 어쩔 수 없습니다."

고객의 입장에서 두 번째 제안을 해달라고 했을 때 큰 폭으로 가격을 인하해 제안한다면 고객을 우습게 본 것이자, 고객을 전혀 고려하지 않은 제안을 한 것이 됩니다. 이때부터 진정한 레이스가 시작됩니다. 타협은 시간이 허락하는 한 최대한 뒤로 미루시고 본격적인 협상의 세계로 들어가야 합니다.

"근거가 무엇입니까?"

"도입하면 고객사에게 어떤 점이 좋습니까?"

앞에서도 언급했지만 비용은 부차적입니다. 가격이 합리적인지, 정당한 반대급부인지, 서비스에 대한 내용이 충분히 담겨 있는지를 반드시 확인해야 하며, 더 이상의 가격 협상이 어려워질 경우 부가 서비스 제공 등과 같은 다른 조건을 들어 협상을 유리하게 이끌어야 합니다. 영업 사원이 전혀 연락이 없다가 연장 계약 시에만 잠깐 들르는 등 무성의한 태도를 보일 경우, 재계약 여부를 심각하게 고려해야 합니다. 또한 영업 사원 방문 시 실무자는 보지도 않고 팀장 이상 임원들만 찾는 경우에도 주의해야 합니다. 이런 식으로 일하는 업체는 학연 · 지연 및 간부 사원과의 관계를 빌미로 회사에 손해를 끼칠 확률이 높기 때문입니다.

우리 주변에 고객 서비스가 좋은 회사는 많습니다. 예를 들어 전자 신문에서 특정 솔루션을 검색해보면 다양한 회사를 볼 수 있습니다. 대표 전화로 직접 전화를 걸어 물어보면 됩니다. 해당 솔루션과 장비에 관심이 있으니 설명 자료 좀 보내달라고 하고 자료를 검토한 후 추가 검토가 필요하다고 판단되면 그 회사의 영업 대표를 만나보시기 바랍니다.

필자는 오래전 특이한 경험을 했습니다. 영업 대표가 필자를 만나자마자 나이를 물어보더니 그냥 친구로 지내자는 말을 꺼낸 것입니다. 하도 황당하여 그 이후 미팅은 전부 취소했던 기억이 납니다. 친목은 신뢰를 바탕으로 생겨납니다. '오늘부터 친구(또는 형, 동생) 1일이다.'와 같은 접근 방법을 쓰는 영업 대표는 상대하지 않는 것이 좋습니다.

의사결정권자 설득하기

회사에서는 아무리 간단한 보고라 하더라도 누군가 그것을 승인해야 결론이 납니다. IT 선진 기업의 경우에는 협업 툴을 이용해 경영진 보고가 이뤄집니다. 하지만 일반적인 기업의 경우는 정식으로 만든 문서를 이용해 다양한 의사결정자를 거쳐야 결론이 납니다. 여기서 중요한 점은 보고는 매우 간단하게 진행돼야 한다는 것입니다. 여러 문서를 가져가 한 장 한 장 넘겨가면서 읽어 나가는 것은 결코 좋은 방법이 아닙니다. 보고의 핵심은 '단순화'입니다. 익숙하지 않더라도 반복 학습 및 훈련을 통해 충분히 보완할 수 있습니다. 단순화에 관련된 주요 사항은 다음과 같습니다.

- 정식 보고서 작성 전, 한 장짜리 문서를 통해 사전 예고편을 보고
- 보고 전 앞으로 전개될 보고에 대한 사전 조율
- 본편 보고서 작성 시 무엇을, 왜, 비용, 기대효과 등을 빠짐없이 기재
- 10년 후 본인이 봐도 이해할 만큼 매우 쉽게 작성
- 내용을 모르는 신입사원이 봐도 이해할 수 있도록 쉽게 작성

누가 봐도 해당 내용을 이해할 수 있게 하는 것이 핵심 목표입니다. 이러한 접근 방식의 장점은 누구라도 쉽고 간단하게 핵심에 접근할 수 있다는 것입니다. 해당 문서에서 언급한 단어와 표현만으로도 서로 커뮤니케이션할 수 있는 일종의 공통 프로토콜(Protocol)을 맞출 수 있다는 점도 또 하나의 장점입니다.

많은 정보를 담은 보고서를 한 번에 보고해야 할 상황도 있습니다. 보고받는 사람에게 기본 내용이 숙지돼 있지 않다면 그 보고는 산으로 갈 확률이 높습니다. 보고를 하는 사람이든, 받는 사람이든 혼돈의 도가니에 빠지게 됩니다. 이런 상황을 방지하기 위해서는 핵심 내용이 담긴 요약표를 작성하는 것이 좋습니다. 이때에는 항목, 비용, 도입 효과 등과 같은 핵심 내용만 표로 만들어 보고하는 것이 좋습니다.

보고서는 업무를 진행하기 위한 자료에 불과하며 보고의 목적에 초점을 맞춰 간단하고 명확하게 이야기해야 합니다. 긴 내용을 한 줄로 만들어 설

명하려면 내용을 함축적으로 설명해야 합니다.

업체 구분하기

IT 업계에서 생활하다 보면 여러 업체를 접하게 됩니다. 서로 상생하는 업체도 있지만, 고객사를 이용하려고 하는 나쁜 업체도 존재합니다. 그동안의 관계가 어떠했든 현시점에서 재검토해 필요한 업체만 남기고 정리하는 것이 좋습니다. 몇 가지 유형을 살펴보겠습니다.

솔루션 및 장비를 팔려고 온 업체인데, 실무자는 외면하고 상사만 만나고 가는 업체들이 의외로 많습니다. 한마디로 실무자들은 상대할 필요가 없다는 것입니다. 의사결정권자들만 만나면 상관없다는 그들의 생각은 매우 편협합니다. 왜냐하면 실무자들도 승진하기 때문입니다. 별 볼 일 없던 과장이 10년 후 팀장이 될 경우, 영업이 쉬워질지는 의문입니다.

정당한 방법으로 협상해 고객사에게 상품 및 서비스를 제공해야 한다는 상식을 무시하고 술자리를 하면서 실속만 챙기는 업체를 조심해야 합니다. IT 담당자에게는 최소 5년 이상 쓸 수 있는 인지도 높고 신뢰할 만한 솔루션과 장비를 선정해야 할 의무가 있습니다. 자신을 위한 일이기도 하고 동료를 위한 일이기도 합니다.

신규 거래 업체의 경우, 지인의 소개 또는 건물 벨팅으로 오는 업체들이 있습니다. 여기서 벨팅이란, 안내 데스크에 와서 무작정 IT 관계자를 만나고 싶다고 요청하는 업체를 말합니다. 상당히 무모한 방법이지만 필자의 입장에서는 그래도 회사의 지시를 받고 어떻게든 비즈니스를 성사시키려고 하는 마음의 간절함이 느껴졌습니다. 그래서 일정 시간을 할애해 그 사람들을 응대하곤 했습니다.

하드웨어 및 솔루션에 대해 여러 가지 제안을 하지만 의외로 제안하는 회사, 즉 고객사에 대해 기본적인 조사도 하지 않고 오는 경우가 많습니다.

신문 기사만 훑어봐도 이것저것 이야기할 것이 있는데 말입니다. 영업 사원이 인프라나 솔루션에 대한 기초 없이 모든 것을 다 할 수 있으니 자기들을 선택해달라는 경우도 있습니다. 보통의 경우 자신이 없으면 엔지니어를 대동해야 하는데, 가벼운 미팅으로 생각해 좋은 영업 기회를 놓치는 경우도 생깁니다.

회사에서 IT 관련 특정 분야를 담당하고 있는 담당자 중에는 겉으로는 허술해 보여도 보통 이상의 내공을 지니고 계신 분들이 많습니다. 경험이 주는 내공이라고도 할 수 있습니다. 일단 어떤 질문을 했을 때, 검토해보고 나중에 말씀드리겠다고 하는 업체는 첫 번째 기회를 놓치는 것입니다. 고객사의 담당자들은 업무에 관련된 지식이 많습니다. 담당자의 입장에서 일을 제대로 할 수 있다는 믿음을 보여줘야 합니다. 일이 잘 진행되지 않는다거나 장애 처리가 제대로 이뤄지지 않는 이벤트가 생길 경우, 고객사에서는 중도 해지를 하거나 갱신 시점에 안정적인 서비스를 제공할 수 있는 다른 업체를 찾으면 그만이기 때문입니다.

계약 갱신을 할 때 1년에 한 번만 영업 대표가 오는 업체는 고객사를 별로 신경 쓰지 않는 업체라고 볼 수 있습니다. 담당자 입장에서 볼 때 자사의 일을 최우선으로 처리하는 업체가 최고의 업체입니다. 사연이 많은 업체 또한 피해야 합니다. 이건 이래서 안 되고, 저건 저래서 안 된다고 하면서 장황하게 설명하는 업체와는 거래하지 않는 것이 좋습니다.

국내 업체도 시장 파워를 믿고 고객사에게 힘을 과시하는 경우가 있습니다. 이번에는 외산 벤더의 일반적인 형태에 대해 알아보겠습니다. 가급적 거래하지 않는 것이 좋지만 어쩔 수 없는 경우에는 피해를 최소화하기 위해 노력해야 합니다.

요즘은 구독 형식의 서비스가 대세입니다. 마이크로소프트, 어도비, 오토캐드 등과 같은 회사가 그동안의 영구 라이선스 정책을 버리고 1년 또는

3년 단위의 구독 서비스로 비즈니스를 전환했습니다. 고객사에게 사용권을 임대 형식으로 판매하되, 무형 자산에 대한 소유권은 그대로 유지하는 방식입니다. 판매사의 입장에서는 해당 서비스를 사용하는 동안 꾸준한 매출을 얻을 수 있습니다. 최근에는 한컴도 이와 같은 방식으로 프로모션을 진행하고 있습니다.

서비스 구독 방식의 단점은 고객사의 입장에서 볼 때 무형 자산을 소유하지 못한 채 해마다 동일한 규모의 비용을 지출해야 한다는 것입니다. 글로벌 벤더의 경우, 두 자리수 이상의 비용이 지출됩니다.

판매 및 유통 역할을 하는 BP(Business Partner) 사가 있긴 하지만 역할이 그다지 크진 않습니다. 다시 말해, 연 단위 비용의 인상 폭을 조절할 만큼의 역할을 할 수 없다는 것입니다. 유지 보수 비용과 솔루션에 대한 연간 무제한 업데이트 라이선스 비용이 적은 편이 아니기 때문에 해당 장비 또는 솔루션 등 도입이 수년 이상 경과했다면 윈 백(Win-Back) 개념으로 다른 솔루션을 고를 수 있는 기회를 만들 수도 있습니다.

필자의 회사에서는 수년간 연간 사용료가 억 단위인 솔루션을 울며 겨자 먹기로 사용해오다가 동일한 기능을 가진 국산 솔루션과 인지도가 낮긴 하지만 평이 좋은 외국 업체를 찾았습니다. 영구 라이선스 제공이 가능한 곳을 전제로 후보군을 정하고 성능을 비교하기 위한 매트릭스를 작성했습니다. 그리고 이와 똑같은 표본 데이터로 개별 성능 측정을 시작했습니다. 모든 준비를 마친 후 같은 팀의 부하 직원에게 결과를 넘기면서 품의서를 정리하라고 지시했습니다. 이후, 한 2주 동안 소식이 없어 해당 직원을 불러 물어봤습니다. 그 직원은 "원래 쓰던 외산 소프트웨어를 그대로 쓰기로 결정했고 우선 협상 대상으로 선정한 업체에는 취소 통보를 했다." 라고 대답했습니다. 필자는 황당해서 그 이유를 물었습니다.

직원: "대충 살펴봤는데 별로여서 원래 업체의 것을 쓰기로 했습니다."

필자: "모두 인스톨해본 후에 판단한 것인가요?"

직원: "아니요. 그냥 소개서만 읽었습니다."

어이가 없었습니다. 필자는 즉시 해당 직원의 업무를 중단시키고 애초에 선정된 업체에 다시 연락했습니다. 그날 반나절 동안 보고서를 다시 만들고 임원 결재까지 받은 후 최초 선정사의 솔루션을 도입했습니다. 만약, 제가 확인하지 않았다면 수억 원의 비용이 낭비되는 결과를 초래했을 것입니다.

이렇듯 외산 솔루션은 비용도 비싸지만 약관이 판매사 측에 유리하게 작성돼 있기 때문에 라이선스 정책에 많은 신경을 써야 합니다. 라이선스 정책을 컨설팅해 민사 소송에 걸리지 않게 도와주는 컨설팅 서비스 회사도 있습니다. 어쩔 수 없이 외산 솔루션을 써야 할 경우도 있지만, 악재를 양재로 바꾸는 것도 IT가 해야 할 일입니다.

기존 라이선스 시장 구조가 영구 라이선스에서 구독형 라이선스로 바뀌었는데도 아직까지 관행에 의지하고 있는 업체가 많습니다. 이는 대외 이미지와 불필요한 비용 지출 방지를 위해 예민하게 신경 써야 할 부분입니다. 해당 웹사이트의 배경 그림을 살펴보면 매우 의미심장하다는 것을 알 수 있습니다.

IT 자원은 고정비의 성격을 띠고 있습니다. 수익을 창출하기 위한 비용이 아니라 운영을 하기 위한 비용입니다. IT 업계는 포화 상태이기 때문에 기존 고객으로부터 수익을 창출하려는 시도가 자본주의에 위배된다고 보진 않습니다. 하지만 복잡한 라이선스 체계에 제때 대응하지 못해 해당 벤더에 거액의 추징금을 물게 되는 것은 IT 담당자로서 큰 데미지를 입는 일입니다. 권리 위에 잠자는 자는 절대로 보호받지 못합니다. 기존 라이선스

(출처: https://www.netnetweb.com/content/blog/top-10-audit-crazy-suppliers-2019-version)

를 재분석하면 큰 비용을 절감할 수 있는 포인트를 찾을 수 있습니다.

불필요한 라이선스를 해지하고, 해마다 달라지는 정책을 분석해 다른 상품으로 갈아타는 작업이 필요합니다. 어떻게 보면 집 담보 대출을 갈아 타는 것과 비슷하다고 할 수 있습니다. 이 경우에는 해당 라이선스의 총판 인 BP 사의 역할이 중요합니다. 외국 벤더의 단순한 대변인 역할을 하는 BP 사는 피하는 것이 좋습니다. 고객사의 입장에서 제대로 된 지원 및 협 조를 받지 못한다면 외국 벤더에 직접 이야기해서 BP 사를 바꿀 수도 있습 니다.

IT 업계에는 '딜 프로텍션(Deal Protection)'이라는 것이 있습니다. 간단히 말해 A라는 BP 사가 C라는 회사에 물건을 납품할 경우, 외국 벤더의 실적 등을 종합적으로 판단해 BP 사에 독점권을 주는 구조입니다. 이 경우 B라 는 회사가 BP 사의 자격이 있다 하더라도 솔루션 및 장비 견적 시 A 사가 받은 파격적인 할인률이 적용된 견적을 받기 어렵습니다. 이와 같은 상황 에서 딜 프로텍션(Deal Protection)을 깨는 것은 사업상 데미지를 입는 행동 입니다. 개선의 여지가 있고 부가적 협상을 통해 해결할 수 있는 경우에는 가급적 사용하지 않는 것이 좋습니다.

국산 소프트웨어의 경우에는 외래종만큼 패기가 없습니다. 약간 저자세라고 할 수 있습니다. 고객사를 휘어잡는 맛이 없습니다.

"귀사는 당사의 소프트웨어를 불법으로 사용하고 있습니다. 돈을 지불해야 합니다."

물론 회사 IP를 수집해 증빙 자료로 들고 오는 업체에는 대항하기 힘듭니다.

"귀사에서 우리 프로그램을 불법으로 사용하는 것 같은데 사용자 리스트를 제출하십시오."

사용자 리스트 중에서 중요 정보를 가리고 보내면 다시 회신이 옵니다.

"좀 더 자세한 자료를 제공해주십시오."
"개인 정보 보호 때문에 더 이상은 무리이니 더 이상 요구하지 마십시오."

그러다 시들해집니다. 회사에 직접 찾아오더라도 무서울 것이 없습니다. 불법 소프트웨어를 이미 삭제했기 때문입니다. 하지만 소프트웨어 컴플라이언스 이슈는 항상 조심해야 합니다. 기업체의 관리자는 불법 소프트웨어가 없도록 자산 현황을 철저히 모니터링해야 합니다.

앞의 라이선스 사냥꾼 이야기를 다시 해보겠습니다. 라이선스 사냥꾼이 노리는 것은 일종의 강화 조약입니다.

"라이선스 일부를 사면 고발을 철회하겠습니다."

"알겠습니다. 견적을 보내주십시오."

그러면 서로가 만족할 만한 수준에서 협상이 진행되고 비용을 지출합니다. 불필요한 소프트웨어를 돈을 주고 사게 되는 것입니다. 그리고 얼마 후 사내 공지가 나갑니다.

> ○○월 ○일 부로 해당 소프트웨어의 사내 사용을 금지합니다. 이의 있는 분은 IT 부서로 문의하시기 바랍니다.

그 이후 해당 업체는 소프트웨어 구매 대상에서 제외됩니다. 국산 벤더와의 해프닝은 그렇게 마무리됐지만, 국산 벤더도 장점이 있습니다.

첫째, 솔루션의 경우 제한된 범위이긴 하지만 수정할 수 있습니다. 완제품 패키지로 파는 것인데도 패키지를 변경할 수 있습니다.

둘째, 비용 절감 효과가 있습니다.

외산 솔루션 도입 시 보통은 유지 보수 비용과 연간 리뉴얼 라이선스 (Renewal License) 비용을 따로 받습니다. 유지 보수 비용의 규모도 꽤 큰 편입니다. 하지만 국산 솔루션은 유지 보수 비용에 리뉴얼 라이선스 비용이 포함돼 있기 때문에 상대적으로 비용이 저렴합니다.

셋째, 업체와의 협업 및 커뮤니케이션이 잘되는 편입니다.

외국 모기업의 지배를 받는 국내 지사보다는 국내 본사가 더욱 나을 수 있습니다. 요즘에는 휴대전화 앱 등 개인 대상으로 특화된 소프트웨어가 많지만 실제 기업에서 쓰는 솔루션과 장비들은 성격이 많이 다릅니다. 기업용 애플리케이션은 기업의 영업 활동 및 업무 지원을 하기 위해 쓰여지는 것들이므로 정확한 데이터와 사내 업무 절차가 반영되고 직원 전체가 얼마나 사용하기 얼마나 편리한지 등이 업체 선정의 주요 핵심 사항이 됩니다.

강제 계약 체결 강요

예전에 SM(System Management) 전문 회사에서 일한 적이 있습니다. 필자는 이 회사에서 기업용 애플리케이션을 만들었습니다. 기존 프로그램의 유지 보수 외에 신규 개발 요청은 거의 없었습니다. 한마디로 고객사의 입장에서 신규 프로젝트 요청이 없는 경우, 매출을 일으킬 수 있는 방법이 없습니다.

어느 날 CEO가 유지 보수 업무만 하던 프로그래머들을 불러 놓고 대규모 회사인 A, B 등의 매출을 언급하며 다음과 같이 이야기했습니다.

"이 회사들을 앞지르고 싶지 않습니까, 여러분?"

직원이 서로 얼굴을 쳐다봅니다.

"무슨 말씀을 하시는 거야?

CEO가 다시 말합니다.

"우리에게도 고객사가 존재하는데 여러분은 왜 돈을 벌어올 생각을 하지 않습니까? 고객사에게 제안이라도 해서 매출을 달성하도록 합시다. A, B 사를 앞질러 봅시다."

불필요한 제안이라도 해서 매출을 일으키라는 말로 들렸습니다. 고객사에게 제안은 할 수 있지만 불필요한 솔루션을 강매하는 것은 명백한 배임 행위이자, 사기 행위입니다.

실제 필자는 갱신 시점이 도래하는 고객사와의 계약을 검토하다가 사용하지 않는 계약을 발견합니다. 구독형 서비스였고 일정 비용을 월별로 내면 솔루션을 빌려 쓸 수 있는 구조였습니다. 일단 확인하기 위해 과거 담당자를 불러 과거 1년 동안의 사용 이력을 뽑아오도록 했습니다. 확인 결과, 한 달에 한두 번이 고작이었습니다. 고객사로부터 돈을 갈취하기 위한 계약에 불과했던 것입니다. 필자는 고객사에게 계약 해지를 통보하기 위해 상사에게 보고했습니다. 그러나 상사의 강요로 억지로 계약을 체결해야 했습니다. 그때 그 상사의 이야기는 당시 제가 속한 기업의 문화를 대변합니다.

"고객사가 다년간 계약할 수밖에 없는 이유를 중심으로 제안서를 써서 제출하세요."

사원이었던 필자는 그 계약을 진행할 수밖에 없었습니다. 나중에 제가 다른 회사로 이직한 후 그 고객사에게 연락해 추가 갱신 계약을 하지 말라고 권고했습니다. 결국 그 계약은 해지됐습니다. 이런 상황을 방지하기 위해서는 IT 기획 조직이 있어야 합니다. IT에 대한 이해도가 부족한 사람이 이 업무를 맡게 되면 구멍이 생길 수밖에 없습니다.

이 같은 상황에서 상사의 지시를 거부하기 어렵다면 해지 조항을 고객사에 유리하도록 바꾸면 됩니다. 해약 시의 패널티 조항을 계약 조항에 포함시키지 않고 고객이 원할 때는 언제든지 해지할 수 있도록 하면 이러한 문제는 발생하지 않을 것입니다.

업무 강요 상황

운영 서버의 프로그램을 모니터링하는 솔루션 도입 시 당시 업무 성과가 전혀 없던 사원을 담당자로 지정해 프로젝트를 진행한 적이 있습니다. 결국 해당 업무를 관할하던 관리 직원의 무능함으로 비용만 쓰고 실패했습니다.

당시 담당자는 프로젝트를 수행한다면서 약 1년 동안 프로젝트 룸에서 나오지 않았습니다. 최종 점검 시간에 확인해본 결과 고객사가 요청한 필수 기능은 전혀 없었습니다. 문제점을 지적하자 업체를 압박해 그 기능을 만들어내라고 강요했습니다. 결국 작동하지도 않는 기능을 대충 만들어 오픈하게 됐습니다.

이후 그 솔루션은 1년 이상 방치됐습니다. 수억 원의 비용이 들었지만 전혀 효과를 검증할 수 없는 유명무실한 상태가 된 것입니다. 아이러니하게도 그 담당자에게 책임을 묻는 사람은 없었고 그 직원의 관리자는 이러한 사실을 숨기기 위해 잘 운영하고 있다는 허위 보고를 했습니다.

누군가는 개인에게 업무를 강요할 때 '회사와 조직을 위해서'라고 이야기합니다. 하지만 내면을 살펴보면 부하 직원에게 책임을 전가하기 위한 것임을 쉽게 알 수 있습니다. 일종의 희생양을 만드는 것이지요. 따라서 업무 지시를 받을 때는 의문을 갖는 것이 좋습니다. 지시자의 의도를 면밀히 살펴본 후에 업무를 진행하는 것이 좋습니다. 설사 의문을 제기하더라도 승진을 하거나 회사 생활을 하는 데는 전혀 지장 없으니 소신껏 대응하기를 바랍니다.

업체 대상 갑질

해당 사례를 인지하거나 직접 목격하게 되면 감사 팀에 알리거나 사내 익명 게시판 등을 이용하면 됩니다. 큰 회사의 경우, 내부 규약상 내부 고발자를 보호하는 조항이 있습니다. 규모가 작은 회사의 경우는 개인이 특정되기가 쉬운 상황이라 조심하는 것이 좋습니다. 어쨌든 불의와는 타협하지 않는 것이 좋습니다. 불의와 타협하면 결국 부메랑으로 되돌아오고 본인 생각보다 일찍 집에 가게 될 수 있습니다. 스스로를 위험에 빠뜨리면 안 됩니다.

첫째, 업체에 대한 불필요한 강요

사회적 지위를 이용해 하도급 업체의 대표에게 회식 비용을 처리하도록 하거나 자기에게 충성을 다하지 않는다는 이유로 계약을 해지한다고 협박하는 것을 말합니다. IT 업계는 의외로 좁습니다. 어디로 이직하든 평판을 묻는 전화가 많이 걸려옵니다.

둘째, 매출 확보를 위해 업체 측에 매출 교환을 강요

회사에서 특정 목표 매출을 달성해야 할 필요가 있는데 부족할 경우에는 다음과 같은 방법을 씁니다. 매출 규모가 큰 업체를 선정(B 업체)합니다. 기존 거래 계약(1번 계약)이 'A 업체 → 자사'일 경우 1번 계약을 'A 업체 → B 업체 → 자사' 식으로 중간에 끼워 넣습니다. 이러면 B 업체에 신규 매출이 발생합니다. 대가를 준 셈이 되는 것입니다.

다음으로 B 업체가 제3의 업체(D 업체)와 계약이 있다고 가정해봅시다(2번 계약). 2번 계약의 형태가 'B 업체 → D 업체'인 경우 그 계약 형태를 'B 업체 - 자사 - D 업체'로 바꾸는 것입니다. 외관상 자사가 B 업체에게 신규 매출을 제공하고 B 업체의 매출을 넘겨받는 것처럼 보이지만, 주고받는 매출의 규모가 현저히 차이가 나면 그 불균형은 협력사가 떠안을 수밖에 없는 구조가 됩니다.

셋째, 막무가내식 해결책 강요

IT 구매 담당자가 내부 인트라넷 시스템의 속도를 개선하기 위해 특정 솔루션을 도입했습니다. 협력 업체의 기술자와 영업 대표는 그 담당자에게 "이 제품은 인트라넷 시스템의 속도 개선에 효과가 없는 것"이라고 말합니다. 그러나 개인의 입신 영달과 성과에 따른 보상에 눈이 어두웠던 구매 담당자는 상사들에게 받을 칭찬과 성과에 눈이 먼 나머지 무리수를 두게 됩니다.

제품 소개서만을 보고 제품 선정 및 내부 도입 추진 품의를 하게 된 것입니다. 이후 담당자는 CEO 사인까지 맡고 본격적으로 시스템 검토를 하다가 이 제품이 시스템의 속도 개선에 전혀 효과가 없다는 것을 알게 됩니다. 결국 이 담당자는 엔지니어에게 해결책을 강구해보라고 강요하고, 자신의 상사에게는 업체가 잘못해서 일이 어렵게 됐다며 거짓말을 하기 시작했습니다. 더욱 황당했던 것은 아무런 관련이 없던 필자에게 단지 솔루션 실무자라는 이유로 해결 방법을 찾아내라고 강요했다는 것입니다.

나중에 업체에 물어보니 담당자에게 해당 기능은 지원하지 않는다고 여러 차례 이야기했다고 합니다. 하지만 전산 담당자가 이를 묵살하고 진행했고 업체가 원래 없는 기능을 있는 것처럼 속였다며 책임을 묻기에 이르렀습니다.

상황이 날로 악화되던 중 필자는 제품 스펙에서 해결책을 발견했습니다. 다른 기능으로 프로그램 속도를 올릴 수 있는 방법을 찾아낸 것입니다. 결국 이 문제가 잘 마무리되긴 했지만 그 당시를 떠올리면 씁쓸하기만 합니다. 가장 최선의 방법은 이러한 상황에 엮이지 않는 것입니다. 그러나 피할 수 없다면 지혜를 짜내 최선의 결과를 이끌어내는 것도 내공을 쌓을 수 있는 방법 중 하나입니다.

강제로 도입 논리를 만들어야 하는 상황

이번에는 실효성은 있지만 확신이 없을 때의 접근 방법을 알아보겠습니다. 부가 옵션으로 팀 및 개인의 인사 고과까지 걸려 있는 상황이라고 가정해보겠습니다. 먼저 중요한 사항을 체크해보겠습니다.

- 무엇을
- 왜(도입 사유)
- 비용
- 도입 효과
- 소요 기간
- 3년간 총 비용
- 유지 보수 요율
- 타사 도입 사례

대부분의 보고는 위의 체크 포인트 내에서 확인할 수 있으며 경영진에 대한 설득도 이와 동일한 범주 내에서 해결될 수 있습니다. 여러 개의 항목 중 가장 신경 써야 할 포인트는 '도입 사유'입니다. 본인이 CEO가 아닐 경우, 해당 사안에 관련된 이해당사자를 설득하는 작업은 반드시 거쳐야 할 단계입니다.

모두 다른 환경에서 성장했고 현재의 입장 또한 다르기 때문에 똑같은 상황을 보더라도 다른 시각이 생길 수밖에 없습니다. 보고를 받는 사람이 누군가에게 그 내용을 보고해야 한다면 주장에 대한 명분을 명확히 만들어야 합니다. 예를 들어, 솔루션과 장비를 구매할 때 IT 실무자의 입장에서는 "기존 업무를 개선하기 위해 이 장비를 도입해야 한다."라고 주장할 수 있지만 경영진의 입장은 다를 수 있습니다. 이때에는 먼저 숲에 대해 언급하는 것이 포인트입니다.

> • 영업 시스템의 고도화에 대한 중장기 로드맵은 1, 2, 3단계로 구성함.
> • 사전에 어떤 형태로든 경영진에게 보고해야 함.
> • 현재 진행할 내용은 1단계에 대한 내용에 불과함.
> • 1단계 진행을 통해 2, 3단계로 도약할 수 있는 발판을 구축할 수 있음.

한 장짜리 보고서로 축약해 보고한 후 그 자료를 바탕으로 부연 설명을 하는 방식입니다. 이러한 방식을 사용하면 경영진의 머릿속에 큰 그림이 이미 그려져 있으므로 큰 고민 없이 결재하게 됩니다. 이는 지도자형 IT의 입장에서 반드시 취해야 할 행동 방식입니다. 반면, 백성형 IT는 모험을 꺼리고 매일 반복되는 일에만 열정을 쏟는 경향이 있습니다. 이런 생활 방식은 개인의 삶과 기술력 발전에 전혀 도움이 되지 않습니다.

강요에 의해 시스템 도입 논리를 만들어야 하는데, 여의치 않을 경우에는 진행 자체를 거부하는 자세가 필요합니다. 억지 논리를 만들면 언젠가 부메랑이 돼 돌아옵니다. 거부하면 비난을 받게 되거나 고과에서 불이익을 받을 수 있습니다. 이런 상황에 처하게 되면 주변의 도움을 받는 것이 좋습니다. 때로는 제3자가 객관적인 판단을 해줄 수 있기 때문입니다.

숫자 만들기

IT 관점에서 숫자를 만들어야 할 상황은 많습니다. 특히 업무 진행 상황을 숫자로 표현할 때는 업무 난이도가 높은 편입니다. 비용에 대해 정의하고 집행된 비용을 바탕으로 그동안 진행된 업무를 설명하는 것입니다. 왜 이런 비용이 책정됐으며 어떻게 집행됐는지, 예산과 실적상 비용의 차이는 어떻게 발생한 것인지, 특정 업무 수행 시 비용 효과는 무엇이고, 그 사유는 무엇인지 등을 설명합니다.

숫자 방식의 보고는 특정 솔루션 도입 시 몇 년치의 운영비를 비교·분석하거나 신규 도입하지 않고 계속 운영했을 때 해당 운영 비용에 대한 5년치 비용을 시뮬레이션하는 등 응용 범위가 매우 다양합니다. 단, 전제가 있습니다. 의사결정 단계에서 가장 중요한 포인트를 차지하는 것이 숫자이므로 해당 숫자의 생성 근거(Back-Data)를 정확하게 관리해야 한다는 것입니다. 추정치를 언급해야 할 경우에는 숫자를 만든 근거를 보고서상의 어디에라도 언급하는 것이 좋습니다. IT 내에서 기존 업무에 대한 고도화를 추진할 때는 과거 기록을 참고하는 것이 좋습니다. 보고서에 언급하기 애매한 경우 에버노트와 같은 온라인 툴이나 별도의 메일 계정을 만들어 자료를 쌓아나가면 업무에 많은 도움이 됩니다.

예를 들어 IT 시스템을 대상으로 다년간의 운영 비용에 대한 단순한 시뮬레이션이 아니라 전체 프로젝트 개발 비용 중 순수 개발 용역비, 솔루션 구입비, 수정 비용 등을 구분해 과거의 유사 프로젝트와 비교하라는 다소 생소한 지시가 내려올 수 있습니다. 이 경우에는 다음과 같은 방법이 효과적입니다.

우선 엑셀로 표를 만들어 필요한 비용을 전부 나눕니다. 마치 단어를 음가로 분리하는 것처럼 나누되, 비용 항목별, 특성별, 유형별 기준을 만들어 분류합니다. 프로젝트 추진비가 있다고 가정하면, 그 안에는 솔루션 구입비(패키지, 운영체제, 클라이언트용 에이전트)가 있을 것이고, 용역비의 경우에는 프로젝트 매니저 용역비, 컨설팅비, 고급 기술 인원의 개발 용역비, 중급 기술 인원의 개발 용역비가 있을 것입니다.

이는 작성자가 임의로 정의할 수 있는 부분이기도 하고 굳이 견적서의 룰을 따르지 않아도 되는 부분이기도 합니다. 작성자가 직접 항목별 정의를 내릴 수 있고 이렇게 논리적으로 만들어진 기준은 다른 사람이 반박 논리를 내놓지 않는 한 회사 내의 표준 분류 기준이 됩니다. 업무 추진 시 담당자를 대신해 각각의 비용에 대한 정의를 내려주는 사람은 없습니다. 본인들의 일이 아니고 잘못 관여하게 되면 골치가 아프기 때문입니다. 따라서 본인만의 기준을 세워 표를 만들고, 그 논리를 학습한 후 이를 기반으로 보고서를 완성하는 것이 좋습니다. 결과적으로 회사 내에 없는 기준을 신규로 만든 것이 됩니다. 동시에 근거 없는 반대 주장에 대한 방어 체제를 만든다는 의미도 있습니다.

필자는 업무 특성상 IT 관련 숫자를 정의하고, 설명하고, 규격화하는 업무를 수행하기도 합니다. 주로 소요 예상 비용 및 향후 프로젝트 투자 고도화 시의 예측 비용 등이 그 대상입니다. 미래 예측은 과거를 거울 삼아 추정하는 것이고 소요 비용은 구축 범위에 근거한 예상 소요 비용을 견적서를 기반으로 예측하고 그에 따른 예비비를 산정하는 것입니다.

언젠가 한 번은 해당 내용을 잘 알지 못하는 사람이 공개적으로 숫자가 잘못 만들어졌다고 주장해서 맞는 근거가 뭐고 어떻게 숫자를 만들어야 하는지 설명해보라고 이야기한 적이 있습니다. 그 사람의 의도는 뻔했습니다. 자기가 더 우위에 있다는 것을 공개적으로 강조하고 싶었던 것입니다.

"틀렸다면 당신이 만들어라."

이 세상에 남의 일을 대신해줄 사람은 없습니다. 문제를 제기한 직원도 필자가 만든 자료를 검증하고 재작성할 능력이 없습니다. 어설픈 도전에는 단호하게 대처해야 합니다. 자잘한 도전을 방치하면 나중에 대응하기가 어려울 수 있습니다. 적극적인 대응은 불필요한 도전이 발생하는 것을 사전에 방지하는 최고의 치료제입니다.

타 조직의 도전
개인적인 측면에서는 "저 사람이 무슨 일을 하는지 모르겠다.", 조직적인 측면에서는 "저 조직이 무슨 일을 하는 지 모르겠다."는 다소 황당한 도전이 생길 수 있습니다. 이 말이 사실이라면 반성해야겠지만, 사실이 아니라면 다음과 같은 방법을 사용해 상황을 깔끔하게 정리하는 것이 좋습니다.

핵심 성과 지표(Key Performance Indicator, KPI)와 직무 기술(Job Description)을 이용하면 됩니다. 가장 먼저 조직의 업무를 대상으로 파트, 업무 항목, 내용, 단기, 중장기 과제별로 상세하게 정리합니다. 이 자료는 개인의 입장에서는 본인의 회사 생활을 가늠해볼 수 있는 척도가 되고, 조직의 입장에서는 개인별 업무 현황을 조망해볼 수 있는 조견표가 됩니다. KPI는 대외적으로 응대할 수 있는 지표로 활용할 수 있습니다. 본인과 조직에 대해 함부로 이야기하지 않도록 초반에 강하게 대응해야 합니다. 방치할 경우 빈도와 정도는 계속 심해집니다. 이때의 전제 조건은 본인과 본인의 조직이 무엇을 하고 있는지에 대해 평소 깊이 생각하고 준비해야 한다는 것입니다.

A라는 조직은 개발 및 솔루션 영업을 하는 조직이고 B라는 조직은 사내용 프로그램을 개발하는 조직입니다. 어느 날 B 조직의 리더가 경영진에게 다음과 같이 이야기합니다.

"사내에 개발하는 조직이 너무 많습니다."
"효율을 위해 개발을 B로 통폐합하고 A는 영업에 집중하게 해야 합니다."

경영진은 A 조직의 리더에게 다음과 같이 대답합니다.

"B 조직의 리더가 제시한 의견이 괜찮은 것 같은데 한 번 검토해보세요."

이때 진실이 드러납니다.

- B 조직의 리더는 A 조직의 리더와 해당 사안을 단 한 번도 협의한 적이 없음.
- B 조직의 리더는 A 조직이 개발 및 영업의 두 가지 일을 동시에 수행하고 있다는 사실을 모르고 있음.

A 조직의 리더는 B 조직의 리더의 발언에 흥분합니다. 그 내용은 A 조직의 와해를 불러오는 일이었기 때문입니다. 이후 A 조직의 리더는 B 조직의 리더를 따로 부릅니다.

- A 조직의 리더: "경영진에게 개발 쪽을 통폐합해야 한다고 이야기했습니까?"
- B 조직의 리더: "나는 그런 이야기를 한 적이 없습니다. 경영진에게 조언하는 차원에서 한 이야기에 불과합니다. 경영진이 확대해서 이야기를 전달한 것 같네요. 별것 아닌데 왜 이렇게 민감하게 반응하는 거죠?"

이후 A 조직의 리더는 B 조직의 리더의 발언에 대해 경영진 면담을 하게 됩니다. 그 결과 B 조직 리더의 음모라는 것이 밝혀집니다. 경영진 측에서 해당 사안에 어떤 의견도 표명한 적이 없고 오히려 B 조직의 리더가 조직을 개편해주면 잘 이끌어보겠다고 호언장담한 사실이 드러난 것입니다. B 조직의 리더와 같은 사람은 회사에 의외로 많습니다. 타인의 조직을 흔들려고 한 것이 들켰는데도 뻔뻔한 반응으로 일관합니다. 중요한 점은 적극 대응입니다. 침묵은 긍정이며 침묵하는 자의 권리는 그 누구도 챙겨주지 않습니다. 반드시 상황을 파악하고 적시에 반응해야 합니다.

역할을 프레임으로 규정지은 후 "이 업무는 원래 그쪽 팀이 하던 일인데 왜 하지 않고 있느냐?"라며 접근하는 경우가 있습니다. 매우 지능적인 수법입니다. 이것이 본인을 포함한 조직과 관련된 부분이라면 초기에 잘 대응해야 합니다. 어떤 대응이 가장 효과적인지 알아보겠습니다.

외부에서 IT 조직을 바라보면 일도 별로 없고 한가해 보일 수 있습니다. 그 세계에 몸담고 있지 않다면 실무 업무는 절대 타인의 눈에 띄지 않는 법입니다. IT 직군이 특히 그러합니다. 평상시 일은 하지 않고 모니터만 바라보고 있는 것처럼 느낍니다.

IT는 국가 상비군과 동일한 개념입니다. 상비군은 평소에는 밥만 축내면서 가상의 적을 대상으로 끊임없이 훈련하는 것처럼 보입니다. 밥도 아깝고 훈련 비용도 아깝습니다. 이런 와중에 갑자기 전사 규모의 장애가 발생할 경우가 생길 수 있습니다. 맨날 밥만 축내면서 가상 훈련을 하던 직원이 그 진가를 발휘하는 순간이 찾아옵니다. 장애 발생 시 서버 관리자는 관련 서버의 모든 리소스를 분석하고, 네트워크 및 보안 관리자는 구간별 트래픽을 체크합니다. 기존에 모니터링했던 수치와의 차이점을 비교·분석하고 장애 처리를 위한 포인트를 집어내게 됩니다. 장애가 인프라의 문제인지, 애플리케이션의 문제인지를 판단하고 솔루션을 제공하는 역할을 합니다. 어찌 보면 군대의 5분 대기조와 비슷한 역할을 한다고 볼 수 있습니다. 이것이 바로 높은 비용을 들이면서 IT 조직을 유지하는 이유입니다.

프레임으로 접근할 때 가장 효율적인 대비 방법은 일상의 일들을 평소잘 정리하고 문서화하는 것입니다. 맡은 바 일을 수행하면서 함께 일하는 사람을 배려하고, 비즈니스의 근간이 되는 IT 서비스를 관리하는 가장 기본적인 조치이기도 합니다. 어느 회사이든 별것 아닌 일에 소리를 지르거나 불합리한 업무를 강요하는 캐릭터가 있기 마련입니다. 책임을 전가하는 일도 비일비재합니다. 막연히 '열심히 일하면 누군가 알아주겠지.'라는 환상을 버리고 스스로 처한 상황, 대외적으로 방어할 수 있는 포인트를 항상 정리해 놓는 것이 좋습니다. 어떤 경우에도 같은 종류의 도전은 존재하지 않으며 계속 새로운 형태로 재창조됩니다. 이러한 접근에 대한 경계를 항상 생활화하는 것이 좋습니다. 접근에 효율적으로 대응하기 위해서는 자신의 가치에 대해 끊임없이 고민하는 자세가 필요합니다. 나는 업무의 대표이고, 부모님의 자식이며, 존경받는 부모라는 마음가짐으로 하루하루를 살아야 합니다. 회사 내에서 먹잇감이 되면 안 됩니다. 이러한 점을 항상 염두에 누고 지능적인 접근의 패턴을 잘 관찰해야 합니다.

가장 흔한 수법은 일단 먹잇감에게 프레임을 씌우거나 사소한 잘못을 큰 잘못인 것처럼 부풀려 접근하는 방법입니다. 평소 자신의 역할을 잘 정리해뒀다면 언제, 어떤 형태로 접근해와도 즉시 대응할 수 있습니다. 수행 중인 업무를 나열한 후 부당한 업무 지시에 대해 반박 논리를 펼쳐야 합니다. 또한 평소 접근을 가정해 몇 가지 상황을 만들고 대응을 연습하는 것도 도움이 됩니다. 이때 가장 중요한 점은 절대 그들의 논리에 휘말리지 말아야 한다는 것입니다.

우연한 업무 담당

의외로 많이 겪는 상황입니다. 분명히 일을 시작할 때 참고인에 불과했는데, 최초 담당자가 다른 업무에 할당되거나 이후 다른 사람이 몸을 사리면서 특정 대상(주로 IT)에게 그 책임이 자연스럽게 넘어가는 구조입니다.

본인이 주도한 일이 아니라 타인이 주도한 임시 모임(Task Force) 등에서 자문 역할을 받는 경우가 있습니다. 일단 이름만 걸어 놓고 자리에서 조언만 해달라는 요청으로 시작됩니다. 상황 자체가 매우 가볍게 보이는 경우도 있습니다. 대개 현재의 업무를 수행하면서 충분히 지원할 수 있다는 생각으로 선뜻 그 일을 맡게 됩니다. 그러면서 '설마 나보고 이 일을 완료하라고 하지는 않겠지?'라는 생각을 합니다. 이러한 불안한 예감은 머지않아 현실이 됩니다. 갑자기 인원이 줄어들거나 담당하기로 했던 사람에게 다른 일이 할당되면서 결국 시스템화하기 위해서는 IT 직원이 결론을 내야 한다는 기적의 논리가 생기는 동시에 대내외적인 압력이 시작됩니다. 그리고는 IT 생활의 굴레와 같은 업무 분석, 개발, 데이터 입력, 교육 매뉴얼 작성, 교육까지 담당하게 됩니다.

일부 선진화된 회사의 경우, 업무의 분업화 및 정의가 명확한 편입니다. 하지만 대부분의 회사는 업무 구분상 모호한 영역이 생기고 그러한 업무의 할당이 부당하다는 주장을 하게 되면 상사를 비롯한 다른 사람은 "네가 원래 담당 아니야?"라고 대답합니다. 발을 빼기엔 늦습니다. 이 일에 올인할 수 있는 시간도 충분치 않습니다.

이러한 상황을 벗어나기 위해서는 초동 대처를 잘해야 합니다. 그래야만 불행한 사태를 막을 수 있습니다. 무작정 업무를 맡겠다고 하면 주변 사람은 그런 상황을 웃으며 지켜볼 것입니다. 그 순간 그들 손에서 책임이 없어지기 때문입니다.

다른 업무와 마찬가지로 IT에도 일종의 흐름이 있습니다. 해당 사안에 관련된 이해당사자들의 상황을 파악하고, 더 이상 관심을 갖고 있는 사람이 없다면 굳이 그 일을 지속할 필요가 없습니다. 초반에 상황을 파악하고 분명한 선을 긋는 것이 중요합니다. 이것이 바로 인생의 낭비를 줄이는 방법입니다. 동력이 없고 혼자 할 만한 일도 아닐 경우, 해당 업무의 내용 및 상황을 파악한 후 해당 사안을 즉시 종료해야 합니다.

IT 직군의 입장에서 추진할 수밖에 없는 상황이라면 업무 개발의 범위를 최소화해야 합니다. 최소한의 기능만 구현한 채 해당 업무 의뢰를 매듭지어야 합니다. 시스템은 끊임없이 진화하는 하나의 유기체이므로 단발성 업무로 끝맺기가 어렵습니다. 최초 개발 시 완벽하게 구축되는 시스템은 지구상에 존재하지 않습니다. 무엇이든 수정 및 업데이트 작업을 거쳐야 합니다. 따라서 업무를 본인과 조직이 보완할 수 있는 범위 내로 축소해야 합니다. 향후 "이런저런 기능이 더 필요하다.", "이것은 저렇게 해야 한다." 라는 주장을 하더라도 긍정도, 부정도 할 필요가 없습니다. 일단 "고려는 해보겠다. 하지만 지금은 이것이 최선인 것 같다."라고 대응하면 됩니다.

필자에게는 신규 솔루션 도입과 함께 운영까지 해야 하는 일이 종종 발생했습니다. 심지어 이와 관련한 업무를 담당하는 부서는 따로 있었는데 말입니다. 이런 일뿐 아니라 회의 시 새로운 아이디어를 내면 아이디어를 낸 사람이 착수부터 완료·운영까지 하는 일이 비일비재하게 일어났습니다. 아이디어를 낸 사람이 바보 취급을 당하는 일이 빈번해지자 회사 내에서 아무런 이야기도 하지 않고 생활하는 사람이 생기게 됐습니다.

개인 행복도를 증진시키려면 이러한 종류의 접근에 적극적으로 대응해야 합니다. 부당한 접근은 직급의 고하를 따지지 않습니다. 접근 대상이 상사일 수도 있고, 부하 직원일 수도 있습니다.

부하 직원이 직속 상사의 이미지를 깎는 일은 별로 어렵지 않습니다. 부당한 일을 시킨다며 흑색 여론을 퍼뜨리거나 지시받은 일을 제대로 수행하지 않을 수도 있습니다.

부하 직원의 움직임도 예의주시할 필요가 있습니다. 부하 직원 중에는 본인 업무를 등한시하는 사람도 있고 안 좋은 일이 생기면 선임이나 다른 직원에게 책임을 떠넘기는 사람도 있습니다. 주변에 이러한 직원이 있다면 단순 작업만을 할당해 문제가 안 생기도록 해야 합니다.

회사는 이익을 위해 구성된 집단이지 대학 동아리가 아닙니다. 남을 배려하거나 이해하는 사람보다 공격을 하려는 사람의 숫자가 훨씬 많습니다. 이러한 사람들로부터 받는 피해를 최소화하기 위해서는 사주 경계를 철저히 해야 합니다.

회사에서는 이외에도 많은 일이 일어납니다. 이 와중에 딱히 조언을 구할 만한 사람이 없다면 어떻게 하는 것이 좋을까요? 답은 본인에게 있습니다. 10여 년 이상 회사 생활을 해왔다면 이미 반은 전략가라고 할 수 있습니다. 상황을 반전시킬 수 있는 방법은 많습니다. 본인보다 스스로를 잘 아는 사람은 없기 때문입니다. 상황이 벌어졌을 때 본인의 직감을 믿고 행동해야 합니다. 주변의 상황에 압도될 필요는 없습니다. 강요하는 사람도 결국 직원에 불과합니다.

변화 관리

보고서를 쓰고 업체 선정도 됐습니다. 이제부터는 새로운 단계로 진입합니다. 변화 관리란, 상품 판매 이후의 애프터 서비스 과정입니다. 보통 하드웨어 또는 솔루션을 구매할 경우, 업체의 엔지니어 및 PM(Project Manager)이 부지런히 오가면서 해당 프로젝트를 성사시키기 위해 부단히 노력합니다. 프로젝트라는 이름 자체가 거창하게 느껴지긴 하지만 하나의 시작점에 불과합니다. 프로젝트는 보통 다음과 같은 단계로 진행됩니다.

1) IT 로드맵 수립
2) 주요 IT 과제 선정
3) 주요 IT 과제 중 핵심 항목에 대한 사전 조사 및 업체 연락
4) 방향성 및 성과에 대한 실무자 및 해당 팀장의 굳은 의지 발생
5) 업체에 RFP(Request for Proposal) 발송, 후보 업체에 제안서 요청
6) 업체가 제안서를 들고 오면 업체 평가 수행
7) 업체 평가 후 우선 협상 대상자 지정
8) 최종 업체 선정 후 품의서 작성
9) 최종 의사결정권자 품의 완료 후 업체와 계약 체결
10) 프로젝트를 수행하기 위한 장비(솔루션 포함) 및 인력 투입

모든 프로젝트가 위 순서대로 진행되지는 않습니다. 간단한 소프트웨어를 구입하는 경우, 업체가 보내준 견적서 하나만으로 구매를 진행하기도 합니다. 그다음 단계가 '변화 관리'입니다. 변화 관리의 목적은 프로젝트를

회사에 안착시키는 것입니다. 변화 관리는 크게 두 가지 영역으로 나눌 수 있습니다.

첫째, 프로젝트 변화 관리입니다.

IT 운영 담당 직원이 그 내용을 알고 있어야 한다는 것을 전제로 합니다. 특히 SI 프로젝트 추진 시 인수인계 없이 개발 인력이 철수하면 아무도 그 내용을 알 수 없기 때문입니다.

둘째, 사용자 변화 관리입니다.

외부의 변화 관리로 신문물 도입에 따라 구문물에 젖어 있는 일반 사용자들을 가르쳐야 합니다. IT 주도의 프로젝트 진행 시 선제 작업을 통해 저변을 확대하고 이해시켜야 합니다. IT 주도가 아닌 현업 직원 주도의 프로젝트라 하더라도 지속적인 상호 의견 조율 절차가 필요합니다. 도입 시스템을 정착시키기 위한 다양한 상황을 깔끔하게 조율하는 것이 변화 관리의 목적입니다. 변화 관리의 중점 사항은 다음과 같습니다.

> - IT 신규 프로젝트로 인한 업무의 변경 사항을 비교·설명할 수 있어야 한다.
> - 각 이해당사자(임원 포함)가 진행하고 있는 사항을 정확히 이해하고 있어야 한다.
> - 현업 직원은 신규 IT 프로젝트의 결과로 인해 바뀌는 업무를 정확히 숙지하고 있어야 한다.
> - IT 담당자는 과도기로 인한 혼돈 상황을 조기에 종료시키기 위해 전화, 이메일 등과 같은 모든 커뮤니케이션 채널을 열어 놓고 있어야 한다.
> - 변화 관리는 결국 '운영'이며 최소 3개월 이상 안정화를 위해 집중해야 한다.

안정화는 현업 직원의 입장에서 추진하는 프로젝트에 대해 더 이상의 궁금증이 생기지 않는 단계를 말합니다. 불교에서 이야기하는 열반의 세계와 같습니다. 안정화된 이후에 고도화가 진행돼야 하며 IT는 이를 위해 새로운 준비를 해야 합니다. 프로젝트의 성공 여부는 안정화를 얼마나 조기에 이룰 수 있느냐에 달려 있습니다.

IT 신입 시절 현업 직원과 회의할 기회가 있었는데 그 직원이 "자기가 갑이니 IT는 무조건 복종하라."고 말했습니다. 마치 먹이사슬의 상위 포식자 같은 표현이었습니다. 현업 직원은 필자와 같은 월급을 받는 입장에 있는 피고용자이고, 지원 부서는 그 사람의 노예 역할을 하기 위해 일하는 것이 아닙니다. 현업이든 IT든 동등한 피고용자이며 각각 맡은 일을 할 뿐입니다.

당시 회사는 배타적인 분위기가 강했습니다. 같은 IT 부서 내에서도 자유로운 정보 공유나 선배의 진심 어린 조언 등을 기대하기는 어려운 상태였습니다. 업무적으로 기댈 수 있는 사람도 많지 않았고 심지어 친하다고 생각한 사람조차 귀찮아질 만한 상황이 되면 적극적으로 나서지 않았습니다.

이러한 상황은 스스로 문제를 해결하는 계기를 마련해줬습니다. 다른 사람의 도움을 받는다는 생각을 아예 버리니 자율적인 생활이 가능해졌습니다. 자체 역량 강화 및 실력 배양에 집중할 수밖에 없는 상황이 자연스럽게 만들어졌습니다. IT 시스템의 혁신을 논하면서, 그에 따른 노력을 하지 않는다면 그 시스템은 개점 휴업 상태에 돌입할 것입니다.

인프라 외의 업무용 애플리케이션 개발 등 IT 시스템을 구축하는 것은 현실을 반영한 것이며, 신기술의 도입이 아닌 이상 일상의 반복적이고 비효율적인 업무를 개선하는 데 그 목적이 있습니다. 사전 업무 정의가 없는 IT 시스템은 없습니다. 무조건 만들어 달라는 요청을 받으면 충분한 검토 후에 진행할 수 있도록 계속 달래가며 조율해야 합니다. 어떠한 상황에서든 화를 내지 않는 것이 중요합니다. 일단 이치에 맞지 않는 이야기라도 잘 들은 후에 대응하는 것이 좋습니다. 조율은 경청에서 시작됩니다. 또한 조율은 다음과 같은 생각을 요청자에게 심는 과정입니다.

- 네가 말하는 건 모두 이해한다.
- 그러나 지금 네가 시키는 건 무리다.
- 진행해도 효과가 없다.
- 돈을 아끼지도 못한다.
- 만약 강제로 업무를 이행하게 되면 책임은 너의 몫이다. 내게 책임을 묻지 마라.

업무를 진행하기로 결정한 경우, 모든 사항을 기록하되 보고 자료는 이메일이나 전자결재를 통해 반드시 증빙을 남겨야 합니다. 그래야만 추후 문제 발생 시 불필요한 피해를 최소화할 수 있습니다.

샌드위치 상황

샌드위치 상황은 2명 이상의 상사 사이에 끼어 이러지도 저러지도 못하는 애매한 상황을 말합니다. 사실 이런 상황은 신입 때부터 계속 겪는 부분이라 새로울 것도 없지만, 효율적으로 대처할 수는 있습니다. 다음 예를 살펴보겠습니다.

개요
- 상사 A, B가 특정한 기능을 갖고 있는 네트워크 보안 장비를 구매하라고 지시함.
- 상사 A, B는 서로 친하지 않지만 2명 모두 결재선상에 있음.

진행 현황
- 상사 A, B가 타당성 검토를 하라고 지시함.
- 상사 A, B 사이에서 의견을 전달하는 역할을 수행함.
- 보고서를 A, B 각자의 의견에 맞게 수차례 수정함.
- 상사 A가 현업 직원의 의견까지 받아 보고서를 반영하라고 지시함.
- 상사 B는 현업 직원의 의견은 필요 없다고 함.
- 현업 직원 미팅을 요청했지만 협조 불가 회신을 받음.

결론
- 상사 A, B의 의견을 섞어서 편집
- CEO 결재 후 구매

검토하는 데 3주가 소요됐습니다. 초반 의사결정자의 모호한 태도와 알 력으로 검토 기간이 늘어났습니다. 샌드위치 상황에 처하지 않으려면 아예 처음부터 그 일에 관여하지 않는 것이 최선입니다. 어쩔 수 없이 업무를 수 행해야 한다면 다음 순서대로 진행하는 것을 권장합니다.

- 의사결정권자 및 이해당사자를 사전에 파악한 후 개별 접촉
- 어떤 식으로 스토리를 풀어나갈 것인지 전체 스토리 구성
- 의사결정권자의 의견 파악 시 상대방의 의견 전달 금지
- 본인의 논리로 보고서를 작성했다고 주장할 필요가 있음(누가 시켜서 썼다고 이야 기하면 안 됨)
- 새로운 사항을 요구받았을 때 불필요한 사항은 일단 받아적고 재편집 시 제거

보고서를 쓸 때 많은 것을 요구하는 상사가 있습니다. 어차피 모두 기 억하지 못하므로 듣는 체하면서 본래 자신이 의도했던 방향으로 최종판을 마무리하면 됩니다.

솔루션 검증하기

솔루션은 보통 장비와 소프트웨어를 통칭합니다. 이번에는 솔루션을 도 입하기 위한 사전 검증 과정에 대해 알아보겠습니다.

개요
- 인트라넷 운영 담당자가 전사 문자 전송 시스템을 통합한다고 사내에 공표
- 사전 검토 및 협의 없었음.
- 솔루션을 무작정 도입할 수는 없으므로 요건 사항의 검증에 돌입

현황
- 현재 사용 중인 인트라넷에 문자 전송 시스템 존재
- 본사 및 해외 지점에 동일한 문자 전송 서비스 사용
- 통합 수요는 조사된 바 없음.

뭔가 석연치 않은 점이 보이기 시작합니다. 운영 담당자를 불러 간단히 미팅을 가집니다.

A: 혹시 도입을 결정하기 전에 해외 지점별 사용 현황, 비용 등을 따로 조사하셨나요?

B: 아니요.

A: 지금 인트라넷에 적용하려는 자동 문자 전송 시스템의 회사를 어떻게 정하신 겁니까?

B: 시장 점유율이 가장 높은 회사를 선택했습니다.

A: 통합 준비는 언제부터 하셨어요?

B: 1년 전부터 준비했습니다.

A: 본사 총무팀 등 유관 부서, 해외 지점과 별도 협의한 적 있나요?

B: 아니요.

A: 이 시스템이 우리 회사에 왜 필요한 겁니까?

B: 신규로 인트라넷을 만들었고 그것에 통합하면 좋겠다고 생각해서 진행했습니다.

A: 그래도 현재 사용 중인 사무실 및 유관 부서와는 협의해야죠.

B: 제가 기술자인데, 그런 협의까지 해야 하나요?

A: 그렇게 문자 시스템을 도입하면 계약 기간이 끝나지 않은 사무실은 어떡합니까?

B: 그냥 안 쓰고 기본료만 내면 되지 않을까요?

더 이상 대화하기가 어렵습니다. 기존 솔루션을 버리고 신규 솔루션을 도입한다는 것은 단순한 의지만으로 진행할 일이 아닙니다. 제반 상황에 대한 다양한 검토가 이뤄져야 합니다.

신규 솔루션 도입 시 고려 사항

먼저 사전 진단을 위해 앞서 언급했던 기본적인 항목을 정리합니다. 검증 전까지 모든 것이 중지된 상태입니다. 이 과정을 무시하면 비용이 낭비되거나 사기를 당할 위험이 커질 수 있습니다.

- 무엇을 도입하는가?
- 왜 도입하는가?
- 구매 비용은 얼마인가?
- 기대효과는 무엇인가?
- 계약 기간은 얼마인가?
- 계약 조건은 어떻게 되는가?
- 도입 후 어떤 조직이 운영 및 관리를 담당하는가?
- 업무에 영향을 미치지 않고 안전하게 적용할 수 있는가?
- 현재 서비스 현황 분석(타 회사 사례, 비용, 계약, 장단점 등 제반 사항)
- 신규 솔루션 도입 시 특장점(비용 절감, 업무 속도 증가 등)
- 업체별 솔루션 기능 비교
- 업체별 회사 개요(회사 규모, 인원 구성, 신용도 등)
- 업체별 견적
- 명확한 기대효과
- 3년의 ROI
- 예산 및 실적
- 타사 도입 사례
- 거래 조건(기간, 특약 사항, 문제 시 고객 보상 방안 등)

특히 운영 관리를 누가할 것인지, 신규 시스템을 어떤 방법으로 안전하게 적용할 수 있는지는 매우 중요합니다. 이 부분만큼은 적극적으로 관여해야 합니다. 방치는 평범한 일상생활에 불편함을 안겨줍니다. 당장은 아닐 수도 있지만 결국 그러한 상황에 직면하게 됩니다.

신규 아이디어 탐색

IT 기획 운영 업무에서 최신 IT 동향 파악은 핵심입니다.

경영진에게 회사가 뒤처진다는 느낌을 갖지 않도록 하는 일은 매우 중요합니다. 가치 있는 일에 인력과 비용을 투입하도록 하는 중요한 아이디어는 다양한 소스에서 수집됩니다. 평범한 뉴스나 지인의 조언, 기존 업무, 세미나, 업체의 영업 대표를 통해서도 수집할 수 있습니다. 아이디어 수집도 마치 공부처럼 계속 반복해야 내공이 쌓일 수 있습니다. 어느 한순간에 아이디어를 만들 수 있는 능력이 생기지는 않습니다. IT 트렌트 분석에 도움이 되는 사이트 중 먼저 소개할 곳은 'IT World'입니다.

IT 업계 뉴스 및 신기술 등이 매번 새로운 주제로 게시됩니다. 뉴스레터 서비스를 이용하면 굳이 사이트에 방문하지 않아도 유용한 정보를 받아볼 수 있습니다. 특히 엔터프라이즈 기업의 실무에 볼 만한 내용이 많습니다. 쿠폰 이벤트 행사도 가끔 열리니 기사를 검색하면서 행운을 기대해볼 수도 있습니다. 추첨을 통한 온라인 쿠폰도 자주 제공됩니다.

IT World

(출처 https://www.ITworld.co.kr/main/)

다음으로 소개할 곳은 가트너 사이트입니다.

가트너는 미국의 정보 기술 연구 및 자문 회사입니다. 구독형 컨설팅 서비스도 제공하지만 실제 업체의 제안서 검토 시 확인 용도로 자주 이용하는 편입니다. 축적된 IT 관련 내용이 많아 업계를 흐름을 이해하는 데 많은 도움이 됩니다. 도입하고자 하는 기술을 보유한 업체의 리더군 포함 여부를 판단해야 할 때도 유용합니다.

여러 소스를 통한 아이디어 수집을 통해 신규 과제를 도출한 후 해당 과제를 수행할 수 있는 조직과 비용 그리고 해당 기술력을 갖고 있는 업체에 연락해 아이디어를 구체화해 나가는 과정이 필요합니다. 구체화된 아이디어를 핵심 키워드로 함축해 표현하는 것도 중요합니다. 정식 보고서를 작성하기 전에 아이디어에 대한 이미지를 주변 사람들에게 심는 것이 좋습니다.

처음에는 익숙하지 않지만, 반복 학습을 통해 감각적으로 익힐 수 있습니다. 예를 들어 중앙 집중 관리를 통한 업무 효율성 향상 및 개인 정보 보호 이슈 해결을 위해 글로벌 인사관리 시스템을 구축한다는 신규 솔루션

Gartner

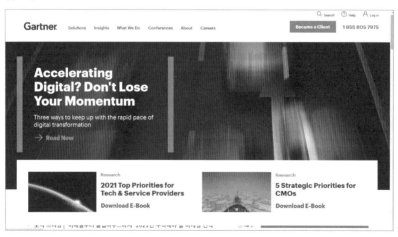

(출처: https://www.gartner.com/en)

구축에 대한 명제가 있을 때 '차세대 전사 리소스 중앙화'라는 문장으로 방향을 설정할 수 있습니다. 이런 단어가 힘을 가지려면 사내에서 반복적으로 쓰여야 합니다. 특히 다른 팀 또는 조직 내의 누군가와 업무를 협의할 때 본인이 직접 만든 단어를 타인이 사용하는 것을 들으면 기분이 매우 좋습니다.

아이디어의 이해 및 전달은 단어 몇 개와 글 몇 줄로 단순화시키는 작업을 반복하면서 익숙해질 수 있습니다. 다른 사람이 대신해줄 수 있는 것이 아닙니다. 틈날 때마다 키워드를 뽑는 연습을 하면 일상생활에 많은 도움이 됩니다.

중장기 IT 전략 및 투자 예산 수립

IT의 입장에서 중장기 IT 전략 및 투자 예산을 수립하는 업무는 다음과 같은 의미를 내포하고 있습니다.

"현재의 IT를 운영하고 미래의 IT를 준비하는 것"

무엇인가 운영하고 있다는 것은 IT 관련 비용을 지출하고 있다는 뜻이고, 미래의 IT를 준비한다는 것은 장차 이 정도 비용이 소요된다는 것을 뜻합니다. 전략과 비용은 서로 분리해서 생각할 수 없는 중요한 요소입니다. 어느 날 갑자기 CEO가 여러분들을 호출해 다음과 같은 지시를 할 수 있습니다.

"다른 회사는 사물 인터넷과 인공지능을 이용해서 뭔가를 한다던데 우리는 신박한 아이템 없나요?"

현재의 IT를 운영한다는 것은 이미 과거에 미래에 대한 전략을 수립하고 그것에 따른 예산 및 인원이 할당된 이후의 결과물이라고 볼 수 있습니다. 미래를 위한 IT의 주요 과제는 주요 서버의 노후화로 인한 교체 프로젝트도 될 수 있고, 10년 전에 구축한 내부 시스템에 대한 전면적인 개편 프로젝트도 될 수 있습니다.

사실 IT 기획 자체 인력만으로는 벅찰 수도 있습니다. IT 외에 현업 부서에도 기획 조직이 있고 이 조직에서도 나름대로 미래에 무엇을 해야 할지를 이야기합니다. 현업 부서의 기획 조직에서는 주로 현재 사용 중인 IT 시스템에 대한 개선이나 신규 업무를 위한 IT 시스템 개발에 초점을 맞춰 일합니다. 어느덧 IT가 중요한 역할을 하게 됐습니다. 시간이 지나면서 IT에 대한 의존도가 높아지고 있습니다.

코로나로 인한 기업발 구조 조정의 바람이 불어도 IT 직군은 별문제가 없어 보입니다. 어느 날 문득 CEO가 지금 시대가 디지털 트랜스포메이션을 위해 바삐 움직이는데 우리도 구글이나 애플처럼 IT 중심의 혁신이 필요하다면서 아이디어를 내보라고 IT 기획 운영 조직에 업무 지시를 했다고 가정하고 아이디어를 도출하는 과정을 살펴보겠습니다.

일단, 노후 솔루션 및 장비 교체 등 경영진이 보기에 재미없는 IT 관련 소재는 건너뛰겠습니다. 무엇이 디지털 트랜스포메이션일까요? 미래를 위한 가치 있는 IT 기술은 무엇일까요? 대중에게 알려진 디지털 트랜스포메이션의 정의는 다음과 같습니다.

구분	정의
Bain & Company	디지털을 기반으로 재정의하고 게임의 법칙을 근본적으로 뒤집음으로써 변화를 일으키는 것.
AT Kearney	모바일, 클라우드, 빅데이터, 인공지능, 사물 인터넷 등 디지털 신기술로 촉발되는 경영 환경상의 변화에 선제적으로 대응하고 비즈니스의 경쟁력을 획기적으로 높이거나 새로운 비즈니스를 통한 신규 성장을 추구하는 기업 활동.
PWC	기업 경영에서 디지털 소비자 및 에코 시스템이 기대하는 것들을 비즈니스 모델 및 운영에 적응시키는 일련의 결과.
Microsoft	고객을 위한 새로운 가치를 창출하기 위해 지능형 시스템을 통해 기존의 비즈니스 모델을 새롭게 구상하고 사람, 데이터, 프로세스를 결합하는 새로운 방안을 수용하는 것.
IBM	기업이 디지털과 물리적인 요소를 통합해 비즈니스 모델을 변화시키고 산업에 새로운 방향을 정립하는 것.
IDC	고객 및 마켓(외부 환경)의 변화에 따라 디지털 능력을 기반으로 새로운 비즈니스 모델, 제품 서비스를 만들어 경영에 적용하고 주도해 지속 가능하게 만드는 것.
Wordl Economic Forum	디지털 기술 및 성과를 향상시킬 수 있는 비즈니스 모델을 활용해 조직을 변화시키는 것.

(출처: 디지털 이니셔티브 그룹)

앞의 표처럼 각 회사 및 단체가 정의한 것을 보면 제법 그럴 듯합니다. 한편으로 이런 정의를 읽으면 괴리감도 느낍니다. 마음에 와 닿는 것이 없는데다 '이런 창조적인 생각도 안 하고 그동안 회사에 와서 놀기만 한 것이 아닌가?'라는 생각도 하게 됩니다.

사실 업계에서 디지털 트랜스포메이션이 성공한 사례는 꽤 있습니다. 테슬라 등과 같은 IT 회사가 자동차를 만들거나, 에어비엔비처럼 자사 소유의 건물 없이 숙박업을 하거나, 음식점 체인도 소유하고 있지 않으면서 음식 배달 앱을 운영하는 등 뭔가 전통적인 사업 구조가 무너지는 모습을 보입니다. 물론 이 모든 것은 데이터를 기반으로 움직입니다. 또한 아마존에서 만든 아마존 고(Amazon Go)라는 무인 점포는 고객이 매장을 방문해 물건을 가지고 나오면 물건 값이 자동으로 계산됩니다. 아마존 고에는 딥러닝, 복합 센서 등과 같은 신기술이 적용됐습니다. 사실 여기에는 첨단 기술과 자동화 물류 기술이 녹아 있습니다. 실시간으로 소비되는 상품의 재고를 파악하면서 지역별 해당 상품의 기호를 파악하고 물건이 근처 물류 창고로 자동 배송되는 구조입니다. 한마디로 〈터미네이터〉의 스카이넷과 같이 인공지능으로 움직이는 디지털 생태계를 만드는 것입니다.

국내의 디지털 혁신에 대한 예를 들어보겠습니다.

2020년 1월, 두산 그룹은 라스베이거스에서 열리는 세계 최대 IT 가전 전시회인 CES에서 마이크로소프트와 손잡고 수소 연료 전지 드론을 개발하기로 합니다. 좀 더 정확하게는 드론 기술이 있는 두산모빌리티이노베이션(DMI)과 마이크로소프트의 클라우드 플랫폼인 애저(Azure)를 연동해 인공지능 및 실시간 모니터링이 가능한 새로운 형태의 서비스를 만드는 것입니다.

DMI는 2시간 동안 비행할 수 있는 양산형 수소 전지를 탑재한 드론을 보유하고 있습니다. 30분에 불과한 기존 드론의 비행 시간을 2시간으로 늘림으로써 사람의 손길이 닿지 않는 구조물을 원격 화상 정보를 이용해 정밀 진단할 수 있고, 사물 인터넷 기술을 이용해 전 세계 드론의 상태를 실시간으로 확인할 수도 있습니다.

두산의 입장에서 볼 때 수소 전지의 개발과 드론 기술의 결합은 5G 기술과 결합해 고유한 형태의 디지털 트랜스포메이션을 만들게 된 것입니다. 실제 DMI의 양산형 드론은 2019년 미국령 버진 아일랜드 바다 위 72km의 거리를 비행해 CES 어워드 (CES Award)를 수상하기도 했습니다.

인명 피해를 최소화하기 위한 사전 정찰이 필요한 군의 입장에서는 매우 매력적인 아이템일 수밖에 없을 것입니다. 이렇듯 단순화한 중요 가치들은 서로 연결되고 가치를 증폭시키면서 디지털 트랜스포메이션을 만들어 나갑니다. 현재 시장에 나와 있는 기술 등에서 미래 IT에 대한 방향성을 잡을 수도 있습니다. 5G 통신망이 상용화돼 이미 많은 사람이 이용하고 있습니다.

(출처: Biz.chosun.com(https://biz.chosun.com/site/data/html_dir/2020/01/10/2020011001485.html)

이미 상용화된 신기술 중에는 5G가 있습니다. 5G는 5세대(5th Generation) 이동통신을 가리키는 말로, 기존의 4세대 이동통신인 LTE(Long-Term Evolution)에 비해 방대한 데이터를 아주 빠르게(초고속) 전송하고 실시간으로(초저지연) 연결(초연결)하는 4차 산업혁명의 핵심 기반(인프라)입니다.

우리나라는 2019년 4월 3일, 5G 스마트폰이 출시됨에 따라 이동통신 3사(SK텔레콤, KT, LG유플러스)에서 5G 서비스를 시작하면서 세계 최초로 스마트폰 기반 5G 상용화를 달성했습니다. 5G는 사람과의 음성 · 데이터 통신을 넘어 모든 사물을 연결하고 혁신적 융합 서비스와 첨단 단말 · 기기 (디바이스) 등 신산업 창출을 가능하게 합니다.

5G 융합 서비스란?
센서 · 미디어 · 자동차 · 의료 등의 분야에서 5G이 특성(초고속 · 초저지연 · 초연결, 서비스별 특화, 네트워크 제공 등)을 활용해 새로운 가치를 구현하는 서비스(예: 자율주행: 독립 주행 → 차량–차량, 차량–인프라 간 초저지연 연결 방식의 진화)

5G는 공공 · 사회 전반의 혁신적인 변화를 이끌 원동력으로, 국민의 삶의 질 향상, 국가 인프라 고도화 등에도 크게 기여할 것으로 기대됩니다.

대한민국 정책 브리핑(5G)

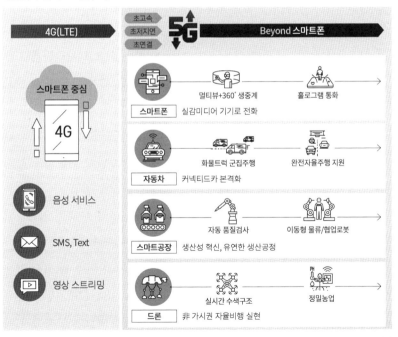

(출처: 대한민국 정책브리핑)

5G 시대로의 여정은 다음과 같이 정리할 수 있습니다.

- 1G: 아날로그 시대
- 2G: 디지털 세대(자유로운 통화 및 문자)
- 3G: 데이터 통신 세대(모바일 인터넷이 가능해져 스마트폰이 탄생함)
- 4G: LTE 광대역 통신(무선 광대역 통신망을 통해 영상의 송수신이 가능함)
- 5G: 선이 필요 없을 정도로 초고속 무선 연결이 가능함.

LTE의 최고 속도는 1GB인 반면 5G의 최고 속도는 20GB에 이릅니다. 이는 가정과 회사에 있는 모든 유선 장비가 사라질 수 있다는 것을 뜻합니다. 예를 들어 회사의 전산 센터에는 수많은 서버가 많은 네트워크 케이블로 연결돼 있습니다. 만약 무선으로 전환되면 어떤 상황이 벌어질까요?

기존 유선 장비들은 무선 지원 장비로, 새로운 인프라 환경을 위한 모니터링 솔루션 또한 교체돼야 합니다. 무선 장비에 특화된 IT 직원이 회사의 핵심 인력이 될 것입니다.

운송 회사의 입장에서는 대용량의 정보들이 실시간으로 관리자들과 경영진들에게 전송돼 화물의 운송 상태를 즉시 확인 및 조치할 수 있고, 화물차의 상태 또한 실시간으로 모니터링해 사고를 미연에 방지할 수도 있습니다. 대표적인 예로는 화물차의 엔진오일이 새거나 브레이크의 유압이 떨어지는 등의 결점을 발견하면 즉시 운행을 중단하고 다른 화물차로 옮겨 싣는 등의 조치를 취해 사고를 예방하는 것을 들 수 있습니다.

현재 판매 중인 자율주행 자동차도 발달된 통신망의 수혜를 입었습니다. 초창기 시범 자율주행 자동차는 트렁크에 자율 운전용 서버를 싣고 다녔습니다. 왜냐하면 자율주행 시 도로의 상황, 보행자의 위치 등 모든 것을 스스로 판단 및 분석해야 하는데, 그 많은 이미지 데이터를 무선망으로 원격지에 있는 서버에 보내 처리하기엔 통신 인프라가 턱없이 부족했기 때

IT 업계에서 살아남기

문입니다. 통신사에서 제공하는 실체감형 가상현실 서비스도 같은 맥락입니다. 평면이 아닌 3차원의 영상을 보내는 것 자체도 통신 인프라의 진화로 인한 인간 문화 생활의 특혜 중 하나가 된 것입니다.

그렇다면 중장기 IT 전략을 세워야 하는 실무자의 입장에서는 이런 트렌드 속에서 무엇을 해야 할까요? 바로 5G를 이용해 신규 아이템이나 전환 가능한 아이템들을 발굴해야 합니다.

이때에는 작은 것부터 시작하는 것이 좋습니다. 물류 창고의 현황을 고화질 웹캠으로 실시간 모니터링할 수 있는 일종의 관제 센터(그냥 하나의 회의실을 비워서 설치해도 됩니다)를 설치한다거나 교체 시기가 도래한 사내의 무선 네트워크를 보안 기능이 탑재된 것으로 교체하거나 사무실 내의 네트워크 케이블을 없애는 것도 하나의 방법입니다. 또한 공장 내 센서에서 취합한 데이터로 각종 장비의 예방 정비를 통해 갑작스러운 기계 중지로 인한 생산 라인 중단 등을 사전에 방지할 수도 있습니다. 가장 중요한 점은 회사의 상황에 맞는 적절한 아이템을 선정한 후 그것에 대한 방향성을 세우는 것입니다.

회사의 인트라넷 서버가 매우 노후화된 상태라고 가정해보겠습니다. 본사와 해외 지점은 각 포털 사이트를 자체 구축해 운영하므로 정보 호환이 안 되고 이로 인해 통계 하나를 뽑는 데도 몇 주가 걸리는 상황입니다. 그뿐 아니라 본사에서 인트라넷을 배운 사람이 퇴사하면 업무를 대체할 사람이 없고 총무팀의 기능 개선 요구도 거세집니다. 이때가 바로 새로운 방향성을 정립하는 데 적합한 타이밍이라 할 수 있습니다. 이러한 상황에서 미래를 위한 IT 전략을 어떻게 수립하는 것이 좋을까요? 전략을 수립하기 위해서는 가장 먼저 현황을 분석해야 합니다.

첫째, 업무 측면 현황을 분석합니다.

- 국내외 인트라넷이 독립적으로 운영 중이기 때문에 인원 변동 상황을 알 수 없다.
- 전 세계의 인원을 취합하려면 따로 이메일을 보내거나 전화를 이용해 파악할 수 밖에 없다.
- 경영진이 채용 현황을 파악할 수 있는 방법이 없다.
- 연령별, 학력별로 통계를 뽑고 싶은데 기준 데이터가 틀려 매번 수작업으로 통합 중이다.
- 인트라넷을 이용해 본사의 온라인 직무 교육을 하고 싶다.
- 해외 직원에 대한 인사 평가를 하기 어렵다.

둘째, 인프라 측면 현황을 분석합니다.

- 서버가 노후화돼 거의 매일 시스템이 다운된다.
- 인트라넷에 구축된 소스가 노후돼 개발자를 구하기 힘들다.
- 신규 구축 시 서버와 스토리지는 물론 OS 라이선스까지 전부 새로 구매해야 한다.

인프라는 IT 직군의 보고 체계에서 중요한 의미를 지니지만 현업 직원의 입장에서는 인프라를 바꿔도 달라지는 것이 없기 때문에 돈을 들여 시스템을 바꿔도 전혀 티가 나지 않습니다.

따라서 현 시스템의 문제점을 나열하고 내부의 수요를 파악하는 것이 중요합니다. IT 기획 부서가 임의로 상황을 판단하는 것은 단독으로 진행해도 별 영향이 없는 프로젝트에 한합니다. 특히 업무 지원 성격의 일은 조심스럽게 진행해야 합니다. 의견 조율 과정에서 새로운 수요가 생기는 경우도 있습니다.

- 인공지능 챗봇을 적용해 전 세계 직원의 회사 정책 관련 사항을 문의하고 특정한 일의 담당자를 찾아 자동으로 연결되면 더 좋을 것 같다.
- 담당자가 원하는 통계를 챗봇에게 요청하면 데이터 검색 및 분석을 통해 엑셀 파일로 제공하면 좋겠다.
- 정형화돼 있는 통계는 RPA(Robotics Process Automation)로 보완해 수작업이 줄어들었으면 좋겠다.

이제 핵심 과제가 분명해졌습니다. 인공지능 챗봇과 RPA를 도입하면 업무 시간이 연간 1,000시간 정도 줄어들고 현재 20명으로 운영 중인 관리 직원을 15명 규모로 유지할 수 있습니다. 이런 과정을 통해 이번 프로젝트의 핵심 과제를 다음과 같이 선정했습니다.

'인공지능 챗봇과 RPA 노입을 통한 인트라넷 개선 빛 고노화'

인공지능 챗봇, RPA의 인트라넷 적용이라는 아이템이 선정됐습니다. 다음으로 시각화를 통해 회사 내부의 임직원을 이해시켜야 합니다. 아이템을 시각화하는 목적은 핵심 개념을 이해당사자에게 알리는 것입니다. 이 과정에서 오너십 주체 선정이 사전에 정의돼야 하며, 대중 속에 숨어 불만을 토로하는 집단 및 개인을 사전에 식별해 정리해야 합니다. 그런 다음 업무의 추진 범위를 명확히 정하고 이를 공개해 공론화해야 합니다. 이런 과정을 거쳐야만 향후의 대내외적 도전을 초기에 정리할 수 있습니다.

국내 시장 점유율 1, 2위 업체를 조사해 어떤 회사에 어떤 시스템이 구축돼 있는지를 파악합니다. 그런 다음 인공지능 챗봇과 RPA 도입을 통해 인트라넷을 개선하고 고도화하기 위한 TF(Task Force)를 구성하고 관련 부서를 소집해 파악된 내용을 설명하고 추가 수요가 있는지 확인합니다. 그 다음으로는 추진 과제에 대한 전체 리스트를 만들고 단순한 과제와 복잡한 과제로 구분해 정리합니다. TF를 조직한 후 1차 보고를 한 후 중간 보고 등을 통해 최종 보고 시 시스템 구축에 대한 품의서가 올라갈 수 있도록 준비합니다. 참고로 이 상황을 설명할 수 있는 원 페이지(One Page) 기획서를 작성한 후 그 내용을 숙지합니다.

셋째, 가시화된 아이템을 구체화합니다.

기본 개념이 설정됐으면 그다음 단계를 시행할 수 있도록 구체화해야 합니다. 대상 업체 중 우선 협상 대상자를 정해 본격적인 논의를 시작합니다. 사전 검토 단계가 종료되면 실제로 시행하는 것을 전제로 좀 더 구체적인 추진 방안을 도출해야 합니다. 또한 구현해야 할 업무의 범위를 특정하고 그것에 필요한 자원을 먼저 할당해야 합니다. 여기서 중요한 점은 추진하는 사람이 단독으로 결정하는 것이 아니라 반드시 메일이나 회의록을 통해 근거를 남겨야 하며, 이 일에 관련된 이해관계 부서 또는 TF 담당자의 회람 또는 사인 등을 통해 반드시 증거를 남겨야 한다는 것입니다. 나중에 바보가 되지 않으려면 철저히 준비해야 합니다.

RPA와 인공지능 챗봇의 범위를 다음과 같이 정했습니다.

- RPA: 일별 출근 상황 집계, 일간 매출 실적 집계
- 인공지능 챗봇: 사내 담당자 자동 안내

상사가 보기에 별로 안 끌릴 수는 있습니다. 짧은 보고라도 핵심 메시지만 전달해서 강렬한 인상을 심어줘야 합니다. 상사가 망설이면 더 나은 미래를 제시하면 됩니다. 예를 들어 총 4단계까지 가야 하는데, 현재 1단계인 기본 플랫폼 구축 및 업무 시범 적용 등이 선행되지 않으면 2단계 이상 갈 수 없다고 분명하게 말해야 합니다.

이제 막 태권도를 배우러 온 초등학생에게 540도 회전 발차기를 해보라고 말할 수 없듯이 업무에도 기초 과정이 있습니다. 보통 그런 과정을 건너뛰고 업무를 무리하게 추진하면 반드시 문제가 생깁니다.

경영진에서는 머신러닝이나 상담형 AI 챗봇을 원할 것입니다. 하지만 걸음마를 시작하는 단계에서는 "Not Now"라고 분명하게 말해야 합니다.

AI 챗봇은 솔루션만 도입한다고 해서 끝나는 것이 아니라 계속 학습을 시켜야 합니다. 현실의 뿌리가 없는 IT 시스템은 존재하지 않습니다. 커피 주문을 자동으로 받는 챗봇을 만들 경우, 다음과 같이 경우의 수를 따져 학습시켜야 합니다.

"아메리카노 한 잔이요."

"라떼 먹고 싶은데 그냥 아메리카노 주세요."

"아메리카노는 아까 시켰는데 이번에는 샷 추가해서 한 잔 더 먹을게요."

"아메리카노 쿠폰 됩니까?"

"아까 그거 주세요."

회사 총무팀이 처리하는 여러 지원 업무를 예로 들어 보겠습니다.

"제가 실수를 해서 휴대전화로 소액 결제를 했네요. 담당자 좀 바꿔주세요."

"휴대전화 통신비 지원 정책이 어떻게 되는지요?"

"직급별로 통신비 지원 정책이 다른데 제가 금년 중 대리 진급이 되면 발령 일자를 기준으로 소급 적용이 되나요?"

위 질문은 인간인 저로서도 대답을 하는 데 시간이 좀 걸릴 것입니다. 이와 같은 경우에 전담 팀에서 끊임없이 인공지능 논리에 추가하거나 관리하지 않으면 챗봇을 도입한 효과를 거두기 힘듭니다. 따라서 이 단계에서는 전체 로드맵을 세웠다는 전제 아래 바로 적용할 수 있는 부분만 특정해 단계별로 진행하는 것이 좋습니다. 예를 들어 첫 번째 질문을 했을 때 단순 안내형 챗봇이라면 "담당자는 총무팀 김○○ 대리와 박○○ 대리이고, 전화번호는 ○○○-○○○○입니다."라고 즉시 응답할 수 있을 것입니다. 1단계의 목적은 인류의 운명을 짊어질 인공지능을 만드는 것이 아니라 회사와 종업원의 생산성을 향상시키는 것이기 때문입니다.

RPA의 경우에도 가장 일반화된 솔루션을 정한 후 그 솔루션에 가장 시급하고 적용하기 쉬운 상위 10개 과제를 적용해 1단계로 시행하면 됩니다. 어차피 2단계 이후의 시행은 그때 가서 해결하면 됩니다. 2단계 이후 시행 시점에 경영진들이 타 직종으로 전환하거나 퇴사했을 수도 있습니다.

상황은 끊임없이 변하고 IT 기술 또한 변합니다. 트렌드를 알고 가장 필요한 것에 타이밍을 맞춰 소신 있게 진행하면 됩니다. 어차피 실무 담당자는 본인이기 때문에 다른 사람은 잘 알지 못합니다. 막연하다는 이유로 위축될 필요는 없습니다. 어차피 당신에게 업무 지시하는 사람도 막연하기는 마찬가지일 것입니다.

주변을 둘러보더라도 어차피 기댈 사람은 없습니다. 따라서 실무자로서 소신을 갖고 일하는 것이 중요합니다.

이 모든 과정은 능력 없는 상사를 위한 재능 기부형 특별 이벤트가 아닙니다. 실속을 차려야 합니다. 구체화는 시행을 전제로 한 준비 단계를 말합니다.

IT 프로세스 기획 관리(ITSM)/서비스 품질 관리

기업의 규모가 크든 작든, 반드시 필요한 개념이 ITSM(IT Service Management)입니다. 사람이 성장하는 것처럼 IT 시스템도 성장합니다. 그리고 점점 복잡해집니다. 처음에는 1+1=2처럼 간단한 것만 프로그래밍하면 되지만 시간이 흐를수록 "당기 순이익 분석을 통해 전년 대비 채산성을 실시간으로 분석할 수 있는 화면을 개발해달라."는 복잡한 요청이 쇄도합니다.

사회 초년생 시절, 필자는 항상 드라이버를 들고 다녔습니다. 20년 전에는 프로그래밍도 하면서 PC를 수리하는 일도 병행했기 때문입니다. 당시에는 그게 당연한 줄 알았습니다. 나중에 알고 보니 PC 수리 업무를 담당하는 사람이 따로 있었습니다.

당시에는 프로그램 수정 요청을 메일이나 전화로만 받았습니다. 하지만 기억력에 한계가 있다 보니 프로그램을 수정한 후 누가 요청을 했는지, 어떤 부분을 수정했는지 제대로 기억하지 못하는 경우가 종종 생겼습니다. 한마디로 이력 관리가 전혀 안 됐던 것입니다. 다른 선배들은 프로그램을 수정했는데도 시스템이 다운되면 컴파일된 소스를 모두 뒤져서 문제 생기기 전에 소스로 다시 컴파일한 후 "복구 완료"라고 보고했습니다. 당시의 열악함은 이루 말할 수 없을 정도였습니다.

명확한 절차가 없다 보니 상급자가 막무가내로 개발을 요청하는 경우도 있었습니다. 양해를 구하고 시간을 달라고 말했는데도 IT팀에서 제대로 지원을 해주지 않는다며 부서장, 팀장, 부서원 전체에게 메일을 보내거나 심지어 다른 임원에게도 전화로 말하는 등 상식적으로 이해가 안 되는 분들도 많았습니다.

더 황당한 경우는 일면식도 없는 직원이 상사에게 IT팀의 지원이 제대로 이뤄지지 않아서 일을 하기가 힘들다고 공개적으로 주장할 때입니다. 이 경우 부서장 또는 팀장에게 불려가 욕을 먹습니다. 그런 다음 누가 그런 말을 했는지를 찾아 다음과 같이 물어봅니다.

"왜 그랬어요? 나는 현업 부서를 위해 최선을 다하고 있는데 왜 그런 말을 한 거죠?"

그러면 다음과 같이 대답합니다.

"오해가 있던 것 같네요. 좀 더 잘해달라는 의미로 이야기한 건데 이야기가 와전됐어요."

이렇게 대답하면서 회의가 있다는 평계를 대곤 급히 사라집니다. 이런 사람들의 특징은 절대 어떤 경우라도 책임지지 않는다는 것입니다. 또한 애사심을 평계로 직장 내에서 갑질을 행사합니다. 이와 비슷한 일을 겪으면 다시는 똑같은 일이 발생하지 않도록 단호하게 대응해야 합니다. 재발 방지를 위해 정확히 짚고 넘어가야 합니다. 본인의 입으로 실수를 인정할 때까지 끊임없이 압박해야 합니다. 생존의 기본 원칙은 사소한 공격에 적극적으로 대응하는 것입니다. 매번 타협하면 회사 생활이 힘들어집니다.

노무현 정부 시절, 사립학교에 외부 인사를 이사로 포함하는 제도를 도입해 사립학교에 대한 관리 감독 강화를 추진한 적이 있습니다. 당시 야당과 사립학교 측이 강하게 반발했습니다. 그 이유가 무엇일까요? 간단히 사립학교법을 설명드리면 다음과 같습니다.

> "사립학교법은 학교법인 이사 정수 7명 중 4분의 1 이상을 학교운영위원회나 대학평의원회가 2배수로 추천하는 이른바 '개방형 이사'로 채우도록 했으며, 이사장은 학교장이나 다른 학교법인 이사장을 겸직할 수 없도록 규정했다. 또한 학교 회계의 예산은 교직원이 아닌 외부인이 포함된 학교운영위원회나 대학평의원회의 자문을 거치도록 해 사학재단 운영의 투명성을 높이도록 했다." (출처: 위키피디아)

사립학교법의 입법 취지는 한마디로 재단의 운영이 이사장에 의해 전횡될 수 없도록 통제 장치를 두는 것입니다. 이 제도가 시행되면 아무리 적은 인원이라도 경영권에 영향을 미치게 됩니다. 또한 그 세력이 점점 확장돼 결국 경영권이 잠식될 것이라는 논리인 것입니다. 한마디로 재단의 인사

권, 재산권 행사가 어려워지는 상황이 벌어집니다. 그래서 아예 논의조차 하지 못하도록 적극적으로 방어한 것입니다.

다시 말해, 현업 부서의 공격을 대수롭지 않게 넘기면 앞으로도 계속 공격을 해올 것입니다. 한마디로 현업 부서의 밥이 됩니다. 상식과 동떨어진 공격에는 이성적, 논리적으로 대응해야 합니다. 이때에는 절대로 흥분하지 말고 현재 상황을 분석해 냉철히게 대응해야 합니다.

이번에는 비논리적으로 접근하는 사례를 알아보겠습니다.

"모니터가 켜지지 않아요. 서비스가 제대로 되는 것이 없어요."
"프로그램이 불편해서 못 쓰겠어요. 저만 느려요."

이러한 주장을 하는 사람은 대개 작은 일을 큰일처럼 말하면서 다른 사람의 주목을 받고 싶어하는 경향이 있습니다. 이런 사람에게 배려는 사치입니다. 세상이 만만치 않다는 것을 보여줄 필요가 있습니다.

이 세상에 분쟁을 좋아하는 사람은 없습니다. 그러나 필요한 경우에는 분쟁을 해야 합니다. 이런 상황을 타개하기 위해서 ITSM의 도입을 권장합니다. ITSM은 트렌드 분석을 통한 서비스 결함 분석을 통해 서비스의 품질을 유지하는 데 도움이 됩니다.

ITSM을 이용하면 IT 서비스 접수부터 처리까지 전 과정을 대시보드를 통해 투명하게 관리할 수 있습니다. 업무 성과를 정량화, 계량화하기도 쉽습니다. 모바일로도 접속할 수 있기 때문에 요청자, 접수자, 관리자 모두 단 하나의 요청까지 철저히 처리할 수 있다는 장점이 있습니다. ITSM과 관련된 유명한 솔루션 몇 가지를 소개합니다.

- 시장 점유율 1위의 솔루션으로 구축 비용이 타 솔루션에 비해 높긴 하지만, 손쉬운 도입 및 구축이 가능합니다. 대중적이라는 말은 그만큼 도입 사례가 많다는 것을 말합니다. 월 정기 서비스 형태로도 사용할 수 있습니다.
- Salesforce.com을 기반으로 개발된 것이기 때문에 이미 사용 중인 회사는 시스템을 통합해 운영하기 쉽습니다. 만약 Salesforce.com을 사용하지 않는다면 다른 솔루션을 사용하는 것이 좋습니다.
- 국산 솔루션을 보유하고 있는 회사로는 '에스티이지(STEG)'나 '시스게이트(SysGATE)'를 들 수 있습니다. 나름대로 업력이 있는 회사들이기 때문에 외산 솔루션을 쓰지 말라는 경영진의 의사결정이 있을 때 좋은 선택지가 될 수 있습니다. 단, 완성형 패키지 솔루션의 경우에는 수정이 필요합니다. 구축 비용은 규모에 따라 차등 적용되므로 사전에 국내 업체와 협의해 기업에 특화된 시스템을 적용하는 것이 좋습니다.

위에서 언급한 솔루션을 도입한 후 로그 분석을 통해 어떤 부분에서 자주 문제가 발생하고 대응 속도는 어떤지 실시간으로 모니터링할 수 있고 이렇게 축적된 데이터를 이용해 취약점 분석 및 그에 따른 개선 과제를 도출할 수 있습니다.

ITSM의 범위는 현재 운영 중인 영업 시스템의 수정 및 삭제, 신규 개발 등과 같은 소프트웨어 운영은 물론 PC 교체 및 장애 처리 접수 등과 같은 IT 헬프데스크 운영까지 광범위합니다. 이외에도 신규 업무 논리 추가 등과 같은 업무 프로세스의 정의도 가능합니다. 이 시스템이 정착되면 IT와 관련된 모든 이력이 남습니다. 이는 전화나 구두상으로 요청하는 모든 사항에 대한 원천적인 차단을 말합니다. ITSM은 기업 문화를 바꾸는 데도 도움이 되므로 적극적으로 고려해보시기 바랍니다.

프로세스 거버넌스 관리

IT 관리 운영 측면에서도 매우 유용합니다. 그러나 제대로 운영하려면 경영진의 의지, 잘 정리된 프로세스, 잘 정비된 조직이 필요합니다. 프로세스 거버넌스는 기업이 공통의 목표를 위해 함께 나아가야 하는 표준, 규칙 및 지침 내에서 프로세스 관리 주도권을 통합할 수 있는 유일한 방법입니다.

어느 회사이든 업무 처리 방식이 다양합니다. 대부분의 회사에서는 자재 구매는 구매팀, 프로그램은 IT팀, 사람을 뽑는 일은 총무팀이 담당합니다. 한 단계 더 들어가 구매 절차를 살펴보겠습니다.

자재가 떨어졌을 경우, 자재가 떨어질 것에 대비해 미리 구입해 놓는 경우로 나눌 수 있습니다. 담당자마다 업무 처리 방식이 다르다면 업체는 매번 혼란을 겪을 것입니다. 구매 시스템 또한 그것에 맞춰 매번 수정해야 합니다. 이는 불필요한 비용을 발생시키고 프로그램의 일관성을 유지하기 어렵게 만듭니다.

업무의 표준화는 현재의 업무 중 가장 일반적이고 공통적인 사항만 추려서 표준화하는 것을 말합니다. 대한민국의 민법에는 인간의 생활 중 가장 최소한의 것만을 규정하고 있습니다. 예를 들어 '무허가 부동산 중개인을 통한 거래는 불법이고 경범죄의 경우 벌금형에 처한다 등'만 명시돼 있을 뿐 구체적인 사항은 명시돼 있지 않습니다. 민법상 개인 간의 거래는 불요식(不要式) 행위로, 어떠한 형태도 규정돼 있지 않습니다. 계약서는 형식 없이 마음대로 쓸 수 있습니다. 도장을 찍든, 사인을 하든 상관없습니다. 시스템의 표준화도 업무의 표준화를 기준으로 움직여야 합니다. 하지만 현실의 업무를 개선해야 한다고 주장할 경우, 내부적으로 강한 반대에 부딪히게 됩니다.

"창사 이래 이것만 사용했다."

"조회 버튼 위치가 바뀌면 성을 바꾸겠다."

"상급자가 누구냐? 내가 직접 전화하겠다."

이외에도 상상을 초월하는 반응이 나타날 수 있습니다. 업무에 대한 당위성이 있다면 정면 돌파해야 합니다. 정치판에 비유하면 직장인들의 대처방안은 아마추어 같을 것입니다. 하지만 아마추어라 하더라도 나름 원칙을 세워 한 가지씩 진행할 필요가 있습니다.

업무를 추진할 때 가장 유념해야 할 점은 목소리를 가장 크게 내는 사람이 누구인지를 먼저 파악하는 것입니다. 공개 석상에서 목소리를 높이는 사람은 대중 속에 숨는 사람일 확률이 큽니다. 이런 사람은 상황을 명료하게 정리한 후 직접 찾아가 승부를 내야 합니다. 설득하지 못한다고 해서 고민할 필요도 없습니다. 경영진에게 보고한 후 처분을 기다리면 됩니다. 추진하고 있는 일이 경영진과 코드가 맞는다면 도전자를 리그에서 제외할 것이고 맞지 않는다면 담당자 본인이 제외될 것입니다. 고과에 영향은 있겠지만 너무 고과에 얽매일 필요는 없습니다.

프로세스 거버넌스와 관련해 주로 묻는 질문 중 하나는 바로 기대효과입니다.

"프로세스 바꾸면 무엇이 좋아지는지 설명해달라."

"기대효과를 정량화해서 설명해달라."

이해당사자들의 반응에 화가 나서 "당신이 직접 해보라."라고 하면 사태가 심각해집니다. 기대효과를 표현할 방법을 찾아야 합니다. 제일 먼저 해야 할 일은 현황을 분석하는 것입니다.

"순서도를 그려보니 업무 처리 시간을 70% 단축할 수 있다."

"전체 노동 시간을 따져봤을 때 연간 20%의 절감 효과가 있다."

이 경우 비용 및 시간을 중심으로 기대효과를 표현하는 것이 가장 효율적입니다. 최초 업무 추진 시 목적 및 기대효과 등을 막연하게 설명하면 그 수상을 입승하는 것도 자신의 몫이 돼 버립니다. 사안이 생겼을 경우 그 사안을 정의한 후 일반인들의 언어로 바꿔 설명하는 등의 적극적인 자세가 필요합니다.

인신공격을 받았을 때의 대처 방법으로는 더 이상 공격하지 못하도록 반격하는 방법과 그냥 받아들이는 방법이 있습니다. 나에게 전혀 해가 될 것이 없는 사람인 경우에는 그냥 무시하는 것도 하나의 방법입니다. 상식을 벗어난 요구 조건에 일일이 응대하기에는 인생이 너무 짧습니다.

전사 기준 정보 관리

전사 기준 정보 관리를 영어로 표현하면 'Master Data Management'입니다. 이를 줄여 'MDM'이라고 합니다. 소규모의 회사라면 상관없지만 중견 기업 이상이나 엔터프라이즈급 회사에서는 전사 기준 정보를 정확히 정의하고 관리해야 합니다.

간단히 고객사의 코드를 AB001으로 지정했다고 가정해보겠습니다. 그러나 동일한 고객사의 지점을 AB002, 해외 지점을 AB003 등으로 원칙 없이 지정하면 여러 가지 문제가 발생할 수 있습니다. 예를 들어 고객사의 매출을 담당하는 영업 직원이 1년치 통계를 낼 경우, 계산 방식에 문제가 발생합니다. 분명히 동일한 고객인데 AB001, AB002, AB003별로 실적이 다르게 잡히고, 이를 통합 처리하기 위해 별도의 논리까지 추가해야 합니다. 001, 002, 003처럼 숫자가 순차적으로 붙으니 앞의 두 자리만 잘라 Sum 함수를 쓰면 된다고 말할 수도 있습니다. 하지만 동일한 고객사의 코드를 누군가 'Z7001'이라고 지정할 수도 있습니다. 그럼 그때마다 처리해야 할 코드의 행 수는 급격히 늘어납니다. 이보다 큰 문제는 몇 세대가 지나면 프로그램을 수정하기가 불가능하다는 것입니다. 한마디로 유지 보수가 전혀 되지 않습니다. 누가 왜 고쳤는지에 대한 이력 또한 없다면 향후 완전히 새로 만들어야 하는 상황이 발생할 수도 있습니다.

'업무가 새로 생길 때마다 논리를 분석해서 고치면 되는 것 아닌가?'라고 생각할 수도 있습니다. 그러나 프로그램의 규모는 시간이 흐름에 따라 수평적, 수직적으로 증가합니다. 따라서 유지 보수가 어려운 상황을 방지하기 위해서는 전사 기준 데이터를 철저히 관리해야 합니다. 자체 구축이든, 솔루션 도입이든 최초 도입 시 몇 가지 중요한 룰을 정해야 합니다. 그룰은 다음과 같습니다.

- 어느 누구도 임의로 코드를 생성 및 수정할 수 없다.
- 코드 생성 및 수정은 반드시 ITSM을 통해 이뤄져야 한다.
- ITSM 요청이 들어와도 100% 수용한다는 의미가 아니다.
- 공통 업무를 담당하는 측에서 업무 영향도 및 타당성을 분석해 문제가 없을 경우에만 요구 사항을 수용한다.
- 신규 코드 정의 시 해당 코드는 회사 내 모든 부서에서 동일한 의미로 쓰여야 한다.

이러한 룰은 데이터의 정합성과 일관성을 유지하기 위한 것이고, 많은 사람이 혼란에 빠지는 것을 방지합니다. 왜냐하면 회사 내 모든 사람이 같은 기준으로 이야기하기 때문입니다. 예를 들어 알래스카 지점의 직원이 본사와 동일하게 고객사의 코드가 AB001이라고 인지하고 있다면 커뮤니케이션이 간단해질 수 있습니다. 알래스카 지점에서 해당 고객사 정보를 찾는다면 간단한 코드 안내만으로 손쉽게 정보를 찾아볼 수 있기 때문입니다.

마스터 코드는 해당 사물의 특징을 고유한 ID를 부여해 차별성을 둔 것을 말합니다. 이는 개인의 주민등록번호와도 같습니다. 누구인지 특정할 수도 있고, 겹치지도 않습니다. 해당 데이터를 항상 건강하게 유지하는 것도 기획 및 운영의 중요한 역할입니다.

IT 업무 운영

IT 업무 운영은 회사 내 살아 움직이는 시스템을 관리하는 주치의와 같은 역할을 합니다. 한마디로 사내에 구축된 전산 시스템에 대한 끊임없는 수정을 통해 업무가 원활히 돌아갈 수 있도록 지원하는 역할입니다. 세법 개정 등과 같은 갑작스러운 변화에 대해서도 즉시 대처할 수 있습니다.

이런 이유 때문에 IT 조직을 보유한 회사는 축복받은 회사라고 할 수 있습니다. 상비군과 5분 대기조를 보유하고 있는 국가와 똑같은 입장이기 때문입니다. 하지만 용병을 쓰는 회사는 서비스의 품질에 한계가 있을 수밖에 없습니다. 국가의 입장에서 상비군을 쓰는 것은 유사시 힘을 발휘합니다. 그 이유는 책임감, 소속감을 느끼느냐, 그렇지 않느냐의 문제이기 때문입니다.

IT 관리 주요 인력을 아웃소싱하면 업무 역량이 높아지기는커녕 외부 의존도만 올라갑니다. 로마 제국의 멸망도 이와 같은 맥락에서 이해할 수 있습니다. 로마의 풍요로운 생활을 위해 군인을 용병으로 대체함으로써 세계를 지배하던 강대국인 로마가 멸망하게 된 것입니다.

예전 모 기계 제조 업체에 파견을 나간 적이 있습니다. 이 기업은 서울 시내에 15층 빌딩을 보유하고 있었습니다. 기술 지원을 위해 약 한 달여간 파견 근무를 했습니다. 사원의 규모는 약 300명 정도이고 비주얼 베이직과 오라클 7.3으로 구축한 영업 회계 시스템을 사용하고 있었습니다. 전산실 직원은 5명이었고 전산실 한쪽 구석에 서버가 놓여 있는 열악한 환경이었습니다.

전산실장은 출근부터 퇴근까지 주식 시세 창만 보고 있었고, 그 밑의 과장 한 명, 대리 두 명은 상대방에 대한 비방만 했으며 서무 여직원 한 명은 하루 종일 인터넷 쇼핑몰만 쳐다보다가 퇴근하는 등 관리가 안 되는 곳이었습니다. 키보드나 모니터를 살 때도 CEO에게 구매 품의를 올려야 하는 특이한 구조였습니다.

영업 회계 시스템을 살펴보니 1년 전 외부 SI 업체를 통해 시스템을 구축한 이후 프로그램은 거의 수정되지 않았습니다. 프로그램은 불편하고 인터페이스도 깔끔하진 않았지만, 그냥 참고 쓰는 상황이었습니다. 서로 사이가 좋지 않았던 과장 한 명과 대리 두 명은 각기 다른 시간대에 필자를 옥상으로 불러 "저 사람하고 어울리지 말라."고 조언(?)해주는 사려 깊은 분들이었습니다.

한 달이 지난 후 간단히 목례만 하고 도망치듯 빠져나왔습니다. 며칠이 지나자 그 회사 전산실장에게 전화가 왔습니다. 지금 급한 상황이니 당장 회사로 와 달라는 것이었습니다. 이유를 물어봤더니 다음과 같이 말했습니다.

"과장 중 한 명이 갑자기 퇴사한다고 하는데 오라클을 다룰 수 있는 사람이 없습니다. 오라클 다뤄봤다고 들었는데, 지금 과장 월급보다 20만 원 더 줄 테니 입사할 생각이 없으신가요?"

필자는 거절했습니다. 규모가 큰 기업이긴 했지만 업무의 범위가 불분명하고 직원에게 책임만 떠넘기는 회사는 다니기 싫었기 때문입니다.

이렇듯 자체 IT운영 조직이 미약한 회사는 급변하는 비즈니스 상황에 민첩하게 대처할 수도 없고 핵심 인력이 퇴사라도 하게 되면 운영에 차질이 발생합니다.

IT 입무 운영의 기본은 '규칙적인 업무'입니다. 근간을 흔들지 않는 범위 내에서 다양한 현업 부서의 요청을 ITSM을 통해 일사불란하게 접수 및 정리해 우선순위를 정해 처리해야 합니다.

업무를 진행할 때 가장 중요한 점은 요청 사항이 타당한지와 요청자의 저의를 파악하는 것입니다. 요청자는 보통 "이것을 수정해야 영업 실적을 제대로 볼 수 있다."라고 강조합니다. 하지만 그 주장을 액면 그대로 받아들여서는 안 됩니다.

어느 날 신규 프로그램 개발 요청을 받고 현황을 살펴보니 이미 비슷한 기능을 하는 다른 메뉴가 있고, 항상 필요한 프로그램이 아니라 1년에 몇 번 정도만 쿼리로 데이터를 뽑아도 충분히 요구 조건을 보완할 수 있는 상황이었습니다. 요구 사항을 들어주려면 프로그래머 두 명 이상을 투입해 한달 간 작업해서 화면과 논리를 수정해야 합니다. 물론 수정 내용에 대한 사용자 대상 교육도 실시해야 합니다.

오랫동안 IT 업무를 해온 사람은 해당 요구 사항이 정당한지, 부당한지 쉽게 알 수 있습니다. 친절함은 좋은 인간관계를 유지하기 위한 윤활유입니다. 하지만 불필요한 친절이 계속되면 어느 누군가에게는 권리가 됩니다. 주변 상황을 분석한 후에 어떻게 행동해야 할지 정해야 합니다.

다른 팀과 함께 추진하고 있는 업무가 있는데 우리 팀의 역량만으로도 처리할 수 있고 다른 팀과의 협조가 일에 방해가 된다고 판단되면 명확히 선을 그어야 합니다.

한편, 요청자의 진의가 불분명해 적절한 판단을 하기 어려울 때도 있습니다. 이때에는 다른 실무자를 통해 진의를 파악하는 것이 좋습니다. 어느 정도 상황을 파악한 후에 그에 맞게 행동하면 됩니다. 막연한 아이디어로 대충 이렇게 하면 좋을 것 같다고 말하는 사람이 있다면 일단 시간을 끌어야 합니다. 일정 시간이 지나면 다시 미팅을 해서 요청 사항이 불분명해 진행하기가 어렵다고 설명하고 완곡히 거절해야 합니다. 초반에 정리하지 않으면 모호하고 정의도 안 된 업무를 구체화하기 위해 고민해야 하는 상황이 발생할 수 있습니다. 불필요한 친절과 배려심으로 인생을 낭비하면 안 됩니다.

인프라 운영

인프라 운영은 하드웨어와 소프트웨어가 포함된 모든 분야에 해당합니다. IT 운영 파트에서 언급한 소프트웨어는 플랫폼 위에서 구동하는 애플리케이션 영역입니다. 소프트웨어 플랫폼은 보통 '프레임워크'라고 하는데, 이는 소프트웨어 인프라의 영역입니다. 인프라는 IT 환경을 운영하고 관리하는 데 필요한 필수 구성 요소입니다. 사람의 몸에 비유하면 뼈와 혈관이라고 할 수 있습니다.

인프라 구성 요소에는 서버, 네트워크, 보안, 운영체제, 스토리지 등이 있고, 이는 다시 구축형인 온-프레미스(On-Premise) 인프라와 서비스 형태로 인프라를 제공하는 클라우드(Cloud) 영역으로 나뉩니다. 요즘은 하이퍼 컨버지드 인프라라는 형태로 단일 장비 내에서 네트워크, 스토리지, CPU 등의 리소스를 자유롭게 관리할 수 있습니다. 이와 같은 인프라는 각 회사 내의 상황에 맞게 구축 및 운영됩니다.

IT 인프라는 크게 하드웨어, 소프트웨어, 네트워크로 분류됩니다. 하드웨어에는 서버, 개인용 PC, 스토리지 등이 있으며 전산 센터 또한 인프라 중 하나입니다. 소프트웨어는 시스템을 위해 사용되는 서버용 OS, 애플리케이션용 서버, 솔루션 플랫폼 등을 말합니다. OS는 시스템 리소스 및 하드웨어를 관리 · 운영하며 소프트웨어가 구동할 수 있는 환경을 제공합니다. 네트워크의 경우에는 인터넷 연결, 방화벽 및 보안 및 스위치 같은 하드웨어 운영까지를 포함합니다. IT 인프라 관리의 핵심은 한마디로 '시스템이 지속적으로 유지되도록 관리하는 것'입니다. 물론 진시황제가 찾던 불로불사의 약을 통해 영생을 누릴 수 있게 하기는 어렵습니다. 기계 장비에도 수명이 있습니다. 장비가 구형이면 장애가 꾸준히 발생합니다. 지속적으로 관리해야 장애를 사전에 예방할 수 있습니다.

IT 관리라는 개념이 없던 시절, 어느 의욕 넘치는 신입사원이 5MB 용량의 첨부 파일을 만들어 전사에 배포한 적이 있습니다. 상사가 시키는 대로 배포한 것뿐인데 그 결과는 혹독했습니다. 과부하로 인해 전사의 네트워크에 장애가 생겼고 메일 서버 관리자는 메일 송신 서버의 대기열에 쌓여 있는 수많은 이메일을 하나하나 확인하면서 삭제해야만 했습니다. 그뿐 아니라 영업 시스템도 마비돼 몇 시간 동안 일을 하지 못하는 사태도 발생했습니다. 메일 시스템 관리자가 메일 첨부 용량에 미리 제한을 해뒀더라면 회사 네트워크 시스템 마비라는 초유의 사태는 막을 수 있었을 것입니다.

다른 예를 들어 보겠습니다. 서버의 사용량은 계속 증가할 수밖에 없습니다. 테스트 단계에서는 사용량이 많지 않기 때문에 리소스가 남아돕니다. 하지만 테스트 이후 정식으로 운영하면 CPU, 메모리, 스토리지 사용량이 급격히 증가하는 상황이 발생합니다. 이때 '뭐 별일 있겠어?'하고 방치하면 머지않아 시스템 중단이라는 재난 상황이 이어집니다.

고전적인 의미의 IT 인프라에서는 리소스 가용율(Resource Availability)을 실시간으로 모니터링해 특정 시점에 CPU 사용률이 증가하는 상황이 지속적으로 발생할 경우 CPU 코어를 늘려야 합니다. 보통 이 경우에는 2개월 정도가 소요됩니다. 리소스를 도입할 때는 반드시 내부 전자결재를 거쳐야 합니다. 하지만 클라우드 인프라에서는 리소스가 부족할 경우에 별도 하드웨어 구매 절차 없이 실시간으로 부족한 CPU, 메모리 등 하드웨어 리소스를 추가할 수 있습니다. 이를 오토 스케일링(Auto Scaling)이라고 하며, 아마존을 비롯한 대부분의 클라우드 사업자가 제공하는 기능입니다. 물론 사용량에 대한 비용을 지불해야 합니다. 클라우드 방식의 인프라 구성은 신규로 서버를 구매하는 것보다는 초기 비용이 저렴합니다. 하지만 전체 운영비로 봤을 때는 큰 차이가 나지 않을 수도 있습니다.

네트워크도 마찬가지입니다. 네트워크가 느려져서 일을 하지 못하겠다는 신고가 들어오면 제일 먼저 해야 하는 일은 네트워크 트래픽을 분석해 실제 해당 오피스의 속도가 내부 요인인지를 파악하는 것입니다. 네트워크 속도에 영향을 미치는 것들은 많습니다. 단순히 대역폭이 많다고 해서 속도가 빠른 것은 아닙니다.

물리적인 네트워크 속도는 보통 회선 속도라고 생각하는데 이는 한 번에 접속해 가져갈 수 있는 데이터의 양을 말합니다. 가정에서 1GB 회선을 쓴다고 가정하면 100% 속도를 항상 내기는 힘듭니다. 그 이유는 4인 가족 기준으로 휴대전화가 접속되고, 텔레비전 또한 네트워크를 이용하기 때문입니다. 인터넷 전화기도 연결돼 있고, 각 방에 있는 노트북과 플레이스테이션 게임기 등도 연결돼 있어 실제 사용할 수 있는 네트워크 데이터는 극소량일 수 있습니다. 네트워크가 연결돼 있는 PC에 여러 가지 프로그램(유튜브, 오피스 등)이 구동되고 있는 것 또한 속도 저하의 요인이 됩니다. 아울러 실제 구동되는 프로그램의 처리 속도도 늦을 수 있습니다.

네트워크 속도 이슈 제기는 끊임없이 발생하므로 항상 지표를 먼저 수립해 정상 컨디션에 대한 기준을 확보한 후 순차적으로 대응해야 합니다. 장애 발생 시 절대 우왕좌왕하면 안 됩니다. 예를 들어, 지방 오피스의 네트워크가 느리다고 해서 네트워크 사용량을 확인해보면 실제 평균 사용량이 50% 근처에도 못 미치는 경우가 비일비재합니다. 네트워크 속도 이슈는 실제 회선 점검, 동종 애플리케이션에 대한 다른 오피스의 네트워크 속도 및 반응 시간, 해당 오피스에 속도 저하자가 몇 명인지 그리고 그 사람들의 PC는 정상적으로 작동하는지에 대해 미리 체크리스트를 만들어두면 유사시 단시간 내에 상황을 파악할 수 있습니다. 예를 들어 최근 3개월 내에 최대 사용량이 80%였다면 나머지 20%는 여유가 있는 것이며 네트워크 문제라고는 볼 수 없습니다. 서버 내에서 데이터 쿼리나 WAS 서버에서 처리하는 속도에 문제가 있거나 다른 곳에 원인이 있는 경우일 것입니다.

이와 같이 IT 인프라 관리의 영역은 업무의 지속성을 위해 최단 시간 내에 문제의 원인을 찾고 조치하며 그에 따른 재발 방지 방안까지 만들어 내는 것을 포함합니다. 별도의 지시를 받기 전에 한발 앞서서 움직이길 원한다면 현재 구축된 인프라 현황에 대한 학습 및 분석을 먼저 진행한 후 몇 가지 핵심 포인트를 잡는 것을 시작으로 신규 업무를 구상하면 됩니다. 직원은 업무의 담당자이자 피고용인입니다. 기본적으로 수행해야 할 업무에 대한 의무가 있다는 것이고 이것이 바로 신규 업무의 핵심 사항입니다. 신규 업무를 만드는 것을 절대 귀찮아할 필요는 없습니다. 밥을 먹는 것과 같은 일상일 뿐입니다. 회사를 다니면서 아무런 계획도 세우지 않는다면 해야 할 일이 생기지 않습니다. 심지어 회사 생활도 의미 없고 지루해집니다. 노는 것이 더 좋긴 하지만 오랫동안 같은 지위를 유지하기는 어려울 것입니다.

이번에는 새로운 업무를 한 번 찾아보겠습니다. IT 인프라 관리를 위한 신규 업무는 다음과 같은 관점에서 도출해야 합니다.

- 노후화된 장비 및 솔루션은 없는가?
- 노후화되지는 않았더라도 CPU, 메모리, 스토리지 등 현재의 리소스는 충분한가?
- 노후화되지는 않았더라도 문제가 지속적으로 발생하는 장비는 없는가? 그런 장비가 있다면 펌웨어 패치는 됐는가?
- 노후화된 장비 및 솔루션은 아니지만 제조사 또는 개발사에서 서비스 중단을 발표한 것은 없는가?
- 시스템 구성도를 분석한 후에 불필요한 장비 또는 단계를 줄일 방법은 있는가? 그것을 운영하고 있는 인력의 역량은 충분한가?
- 정기 점검 현황은 정상적으로 리포트되고 있는가, 누락된 항목이 있는가? 만약 있다면 실수인가, 의도적인가? 의도적이면 누가 어떤 목적으로 누락시켰는가?
- 현재 유지 보수 업체의 정기 점검은 성실하게 이뤄지고 있는가?
- 현재 유지 보수 업체의 재정 상황은 안전한가?
- 현재 유지 보수 업체에서 유능한 인재들이 유출되고 있지는 않은가?
- 현재 유지 보수 업체를 타 업체로 변경할 때 비용 및 관리 운영 측면의 효과가 있는가?
- 거의 사용되지 않는 장비나 솔루션은 없는가?
- 비용 누수는 없는가?
- 유지 보수 대상에서 누락된 장비가 있는가?
- 현재 유지 보수 업체는 계약서의 내용대로 서비스를 제공하고 있는가?
- 과투자된 장비는 없는가?
- 모니터링을 강화할 포인트가 있는가?
- 서비스 운영을 위해 현재의 인력은 충분한가?
- 서비스 개선을 위한 아이디어는 무엇인가?
- 사전에 IT 트렌드에 맞게 준비해야 할 인프라는 무엇인가?
- 현재 구축된 인프라는 비즈니스 연속성에 적합한가?

예전 지인이 다니던 회사에서 네트워크 장비를 도입했는데 담당 직원이 구매 비용을 전부 지급한 것처럼 꾸미고 실제 비용이 전부 지급되지 않았다가 나중에 업체의 진정으로 밝혀진 사례가 있었습니다. 이처럼 관리자의 입장에서 직원을 쉽게 믿고 업무를 진행하면 안 됩니다. 당신의 경력에 흠집이 생길 수 있기 때문입니다.

문제가 될 만한 직원에게는 그 역량과 상황에 맞는 단순하고 위험성이 없는 업무만 배정해야 합니다. 자격이 없는 직원이 중요한 권한을 갖게 되면 본인은 물론 주변 사람까지 곤란해지는 상황이 생깁니다.

이렇듯 IT 인프라와 관련된 신규 업무는 고려해야 할 상황이 많습니다. 회사가 존재하는 한 계속 해야 하는 일이고, 성취감도 느낄 수 있습니다. 일을 합리적으로 수행하기 위해서는 과제를 단기, 중장기로 분류해 시급성을 바탕으로 우선순위를 매겨야 합니다. 그리고 하나씩 차근차근 실행해 나가면 됩니다.

일반 현업에서 이러한 인프라의 변화를 인지하기는 어렵습니다. 현재 운영 중인 시스템의 뼈대를 구축하고 운영 및 관리하는 역할은 아무도 알아주지는 않지만, 인프라 관리는 IT 운영 관리에서 가장 근간이 되는 일이라 할 수 있습니다. 이처럼 인프라는 자세히 들여다보지 않으면 할 일이 별로 없어 보입니다. 단순하고 지루해 보이기도 하고 인생의 의미조차 없어 보이는 일이 대부분입니다. 하지만 집중해서 보면 해야 할 일이 너무나 많은 것을 알 수 있습니다.

포뮬라-원 레이싱 경기를 보면 수리 지역에서 수시로 타이어를 교체하고 엔진오일을 교체합니다. 최고 속도를 유지해 경기를 끝까지 완수할 수 있도록 하기 위해서입니다. 인프라 관리의 역할도 비슷합니다. 방치하면 레이싱 트랙의 한가운데서 차가 멈출 것입니다.

이메일 시스템 운영

보통 이메일 시스템은 이메일, 업무용 포털, 메신저 등을 아울러 말합니다. 영업은 돈을 직접적으로 버는 시스템이고 이외의 시스템은 지원 용도로 사용됩니다. 이메일은 지원용 시스템 중 가장 중요하며 회사를 대표하는 상징적인 시스템이라고 할 수 있습니다. 대내외 커뮤니케이션은 이메일 시스템을 전부 통하기 때문입니다.

고객에 대한 통보, 인보이스 접수, 사내 회의에 이르기까지 회사 임직원 및 외부 고객들과의 커뮤니케이션은 이메일 시스템을 이용합니다. 또한 CEO가 새로 부임했을 때 가장 먼저 바꾸고 싶어하는 시스템도 이메일입니다. 비교적 크지 않은 비용으로 기업 문화 개선 및 소통 방식의 변경을 담보해낼 수 있는 좋은 선택지이기 때문입니다. 이메일 시스템 운영은 다소 지루합니다. 다음에 언급한 사항이 무한 반복됩니다.

"스팸 메일 막아주세요."

"사내 메일을 잘못 발송했습니다. 찾아서 취소해주세요."

"전자결재를 올리다가 시스템이 먹통이 됐어요. 조치해주세요."

"삭제된 메일을 복구할 수 있나요?"

"메일 송수신이 너무 느려요. 서버에 문제가 있나요?"

"메일함이 꽉 차서 메일 송신이 안 됩니다. 용량을 늘려 주세요."

"인트라넷 화면이 너무 구식이에요. 더 멋지게 만들어 주면 안 되나요?"

"다른 회사에서는 클라우드를 기반으로 사용하는데 우린 왜 이런가요?"

"메신저를 클릭했을 때 메일 작성기가 자동으로 나타나면 좋겠어요."

"모바일 앱과 싱크가 안 맞아요."

"화상 통신 솔루션들이 많이 나왔는데, 이메일 시스템에 붙여 사용 가능할 수 있도록 해주세요."

"협업 툴이 있으면 좋을 것 같은데 언제 들어오나요?"

"전자결재 편집기가 워드처럼 편집되지 않아서 불편해요. 기능을 개선해주세요."

내용을 살펴보면 특별한 것이 없습니다. 현재 사용 중인 기능에 대한 불편 사항 및 유명한 솔루션에 대한 도입 욕구가 복합적으로 반영돼 있을 뿐입니다. 이런 상황 속에서 이메일 시스템을 잘 운영하고 개선하려면 어떻게 해야 할까요?

이메일 시스템은 하나의 거대한 유기체입니다. 따라서 전면 개편을 단행하기 어렵습니다. 사용자 계정을 재정의하거나 방대한 양의 인터페이스를 정리해야 하기 때문입니다. 쉽게 수정할 만한 성질의 것이 아닙니다. 수정을 하더라도 애드인(Add-In) 기능을 이용한 조직도를 구현하거나 인트라넷 호출용 버튼을 추가하는 등 제한적으로 접근할 수밖에 없습니다. 상황이 이렇다 보니 이메일 시스템에 대한 개편은 작은 수준에서 이뤄질 수밖에 없습니다.

운영 측면에서 보더라도 바꿀 만한 아이템이 별로 없으며, 경영진에게 보고할 사항도 딱히 찾기 어렵습니다. 화상 회의용 솔루션을 기존 인트라넷에 접목하는 것 등이 그나마 약간의 의미를 부여할 수 있는 수준이 될 것입니다. 한마디로 이메일 시스템 운영은 현상 유지에 초점을 맞춰야 하며 IT 인프라의 측면을 철저히 모니터링해 사전에 문제를 감지해 조치하거나 장애 발생 시 즉시 조치할 수 있도록 유지하기만 하면 됩니다.

원활한 운영을 위한 사전 장애 감지의 경우 OS 업데이트 패치 및 브라우저 업데이트로 인한 인트라넷 중단 등을 고려해 국내외 업무 환경에 문제가 발생하지 없도록 사전에 테스트 및 공지 등을 해야 합니다. 귀찮다고 그냥 놔두면 나중에 재앙의 순간이 찾아올 수도 있으므로 평소에 잘 챙겨야 합니다. 특히 이메일은 영업과 달리 모든 직원이 사용하는 시스템입니다. 말단 사원부터 CEO에 이르기까지 동일한 시스템을 사용하므로 운영 시 작은 버그라도 포착되면 절대 그대로 놔두면 안 됩니다. 반드시 발본색원(拔本塞源)해 에러 포인트를 제거해야 합니다. 그것이 평화롭게 회사 생활을 하는 지름길입니다.

이메일 시스템 운영 개선은 일상의 업무이므로 중요도가 크게 부각되지 않습니다. 좀 더 가치 있는 과제를 만들기 위해 업무의 방향을 새로 만들어야 하며 중장기 계획 수립을 통해 새로운 과제를 만들어야 합니다.

과제는 지속적으로 만들어야 합니다. 보통은 '과제 발굴'이라는 표현을 사용하기도 합니다. 그 이유는 회사의 목적이 내부 임직원 간의 경쟁을 통해 회사의 이익을 극대화시키는 것이기 때문입니다. 가족 같은 회사는 존재하지 않습니다. 과제 발굴을 통해 스스로 존재해야 할 이유를 만들어야 합니다.

과제 발굴의 목적은 자기만의 고유한 업무 영역을 만들고 내부 수요를 창출하는 것입니다. 신규 업무 기획도 이와 같은 맥락에서 출발해야 합니다. 이러한 목적이 회사 공동체의 공공 목적과 일치해야 원하는 일이 실현될 수 있습니다.

어느 날 CEO가 다음과 같은 지시를 합니다.

"IT 트렌드를 반영해 미래의 이메일 시스템의 구축 방향성을 만들어 보도록 하게."
"이메일 시스템에 대한 IT 트렌드부터 파악해보겠습니다."

이메일 시스템은 커뮤니케이션을 위한 주요 도구입니다. 새로운 트렌드는 유행과도 비슷한 측면이 있습니다. ERP(전사적 자원관리 시스템)는 과거에 MIS(경영정보시스템)였습니다. 이메일 시스템은 과거에 사무 자동화의 영역에 존재했지만 지금은 디지털 워크플레이스(Digital Workplace) 및 스마트 오피스(Smart Office)로 표현되고 있습니다.

요즘 유행하고 있는 '스마트 오피스'라는 말은 신소어라기보나 기존의 사무 자동화에 관련된 모든 편의 기능을 총칭하는 일반 대명사라고 할 수 있습니다. 회의가 대면 회의에서 온라인 화상 회의로 바뀌면서 협업 기능을 강조하는 의미로 쓰고 있습니다.

공간 활용 측면에서는 개인 자리를 특정하지 않고 무선 와이파이 환경의 장점을 살려 최소한의 인원만 자율 좌석제로 운영하고 나머지 공간은 회의실이나 직원 복지를 위해 재분배하며, 장소에 구애받지 않고 화상 통신을 이용해 파워포인트 공유 및 기타 업무를 같이 처리할 수 있다는 장점이 있습니다. 대표적인 솔루션으로는 구글 지슈트(G-Suite) 및 마이크로소프트 사의 팀즈(Teams)를 들 수 있습니다.

스마트 오피스 체제로 일하고 있는 회사로는 한국 시스코, MS 한국지사, 카카오 엔터프라이즈 등이 있습니다. 이들 회사는 모든 커뮤니케이션을 개인용 유선 전화가 아닌 협업 툴 안에서 해결합니다. 심지어 비용에 대한 의사결정 또한 협업 툴 내에서 이뤄집니다. 스마트 오피스는 솔루션의 도입을 통한 접근이 아니라 기업의 조직 문화 개선을 전제로 해야 합니다. 대면 보고와 열심히 만든 장문의 보고서를 직접 결재받는 조직 문화에서는 정착되기 어렵습니다.

우리는 지금 코로나로 인해 언택트(Un-Tact) 문화가 자리잡으면서 상상 속에만 존재했던 재택근무 및 온라인 화상 회의를 경험하고 있습니다. 혹자는 이런 상황을 빗대어 코로나19가 제4차 산업혁명을 앞당겼다고 이야기하기도 합니다.

이번에는 CEO의 의도를 생각해보겠습니다. 경영진 오찬에서 다른 회사 CEO의 이야기를 들었을 수도 있고 참모진의 조언을 들었을 수도 있습니다. 회사에서 큰 비용을 들여 무엇인가를 할 때는 목적과 기대효과가 명백해야 합니다. 막연히 '남들이 하니까' 또는 '들여오면 좋을 것 같아서'라는 이유로 쉽게 접근하면 비용만 지출하고 효과는 없는 결과를 초래하게 됩니다. 보통 스마트 오피스의 주요 목적은 사일로(Silo) 문화의 탈피와 영역의 구분 없이 쉽게 협업할 수 있는 디지털 사무실의 구현입니다. 막연하게 지시하는 CEO를 위해 명확한 목적과 기대효과를 만들어봅시다.

- 업무 생산성, 업무 효율 향상 등에 대한 현황 진단 및 기대효과 분석
- 현재 사용 중인 서버의 교체 연한 도래로 인한 이메일 시스템 신규 구축 필요성 대두
- 기존의 온-프레미스 환경을 서비스 기반의 클라우드 체제로 전환
- 물리적 스마트 오피스 구현과 동시에 IT 기반 환경 재구성
- 기술적 보안 환경 구축을 통해 정보 유출 및 스팸 원천 방지
- 사일로 방식의 업무 환경을 오픈 커뮤니케이션(Open Communication)을 위한 협업 체제로 전환
- 임직원의 생산성 강화 및 의사결정 단계의 효율화(현재 10단계 → 2단계로 축소)
- 메일 박스 용량 무한대 설정 및 메일 저장을 통한 회사 메일 자산화 병행 추진
- 온프레미스 구축 시 서버 및 솔루션 구입에 소요되는 비용을 사용료 방식으로 전환해 최초 구축 시 소요 비용 최소화

막연한 아이디어가 정리됐습니다. 이후에 곧바로 진행해야 할 일은 정리된 내용을 한 줄짜리 핵심 문구로 바꾸는 것입니다. 핵심 문구를 다음과 같이 정리해봅시다.

'클라우드 기반 협업용 차세대 이메일 시스템 구축'

한 줄짜리 키워드를 뽑는 이유는 사내 커뮤니케이션을 원활하게 하기 위해서입니다. 동일한 언어로 소통해야 각 팀들과 업무를 진행하기가 쉽습니다. 특히 나이가 많은 사람은 전문 용어에 매우 약합니다. 따라서 소통에 도움이 될 수 있는 내용으로만 의사소통해야 합니다. 그리고 단어를 언제나 동일하게 활용해야 합니다. 보고 및 회의 때마다 같은 사안에 다른 표현과 단어를 사용하면 의사 전달이 어려워집니다. 이렇게 선정한 키워드는 향후 추진 보고서의 제목으로도 쓰입니다. 이런 접근 방식은 본격 업무 추진 시 변화를 싫어하는 인간의 본능적인 저항감을 많이 상쇄합니다. 한마디로 결재받기 쉽고 이해시키기 쉽습니다.

비용 분석은 어렵지 않습니다. 현재의 비용 구조를 분석한 후 실제 구축 후의 비용을 비교하면 됩니다. 현재의 연간 운영 총 비용이 인건비 포함 20억 원이라고 가정해보겠습니다.

- 5년 기준 100억 원 소요
- 전산 센터에 직접 구축 시 76억 원 소요
- 클라우드 방식으로 직접 구축 시 59억 원 소요
- 클라우드 방식 구축 시 17억 원 절감 가능

상세한 견적은 실제 추진할 때 필요합니다. 크게 서버 및 솔루션 도입비, 개발 인건비, 운영 인건비 등을 현재 구축돼 있는 시스템의 비용으로 갈음해 추정 비용을 산출하면 됩니다. 이런 접근 방식은 대략적인 부분만을 고려한 것으로, 방향성을 최초로 진단할 때 유용합니다. 클라우드 구축이라는 방향성이 정해졌으므로 최초 보고용 비용은 업체별 초기 견적이나 예상 비용으로 파악하면 됩니다. 실제 이 프로젝트를 추진할 때 정식 제안을 통해 정확한 금액을 산정하면 됩니다. 지금은 단순히 규모를 파악하기 위한 시도에 불과합니다.

아이디어를 낸다고 해서, 해당 업무의 IT 담당이라고 해서 운영을 알아서 하라는 상사가 있을 수 있습니다. 이런 경우, 그 상사는 어떻게든 업무에서 배제시켜야 합니다. 여의치 않을 경우 타 팀으로의 이동이 필요할 수도 있습니다.

가장 먼저 할 일은 TF를 구성하는 것입니다. IT 기획은 몇 명 모아서 막연하게 시작할 수 있는 일도 아니고, 유능한 직원 몇 명이 할 수 있는 일도 아닙니다. 회사의 경영에 영향을 미치는 부분이므로 회사의 전략 조직과 총무, 인사팀 등이 TF에 포함돼야 합니다. 필요한 경우 해당 TF에 컨설팅 업체를 붙여 업무를 진행해야 하며, 컨설턴트를 통해 요점 사항 정리, 단계별 문서 산출물 등 다양한 업무를 처리해야 합니다. TF의 기본 구성원은 다음과 같이 정리할 수 있습니다.

- 참여 대상자: 이메일 시스템 운영자, 전사 기획 조직 종사자, 총무팀(상근) 그리고 각 팀별 팀장(비상근)

이제 TF에서 추진할 일을 정해야 합니다.

- 현재의 이메일 시스템 서비스 분석(소스 및 연동 시스템, 데이터 규모, 기능 등)
- 현재의 문제점 분석 및 개선 과제 도출
- 업무의 생산성 향상에 대한 정의 및 그것을 위한 핵심 추진 항목
- 신규 시스템에 대한 전임 직원 대상 의견 수렴(설문조사 및 인터뷰 등)
- 시안 작성을 통해 사전 의견 조율
- 사용자 편의 기능 추가
- 기존의 조직 문화를 분석하거나 신규 시스템이 동시에 바뀌는 조직 문화에 대한 변화 관리
- 사용자 교육 및 매뉴얼 작성
- 타사의 사례 분석을 통한 벤치마킹
- 총 비용에 대한 정확한 ROI 분석
- 적합한 수행사 선정(회사 규모, 신용도, 최근 3년간 구축 사례 및 수행 능력 등)
- 물리적 사무 환경 구축(개인 전용 유선 전화기 제거 및 무선 와이파이 환경 구축)

어떤 일이든 준비 단계에서의 시간 할애가 가장 중요합니다. 그렇지 않을 경우, 완성도가 떨어지고 이후 발생할 문제에서 결코 자유로울 수 없습니다. 결과가 만족스럽지 않을 경우, 내부 감사의 대상이 되고 감사 결과에 상관없이 자잘한 문제가 생길 경우, 프로젝트 TF에 있었다는 사실이 퇴사 시점까지 주홍글씨로 남아 있을 수 있습니다.

다른 업무나 프로젝트 주진 시에도 규모의 차이가 있을 뿐 실질적인 진행 방법은 크게 다르지 않습니다. 중요한 점은 이해당사자를 반드시 참여시켜야 한다는 것입니다. 그렇게 하지 않으면 무대 뒤에서 팔짱을 끼고 끊임없는 비난과 조소를 날리는 사람에게 지속적으로 시달리는 상황이 연출될 것입니다. 이해당사자는 어떤 이유와 상황을 만들어서라도 참여시켜 의견을 받아야 합니다. 주요 의사결정 시점에 그들의 의견을 반영하고 기록으로 남기는 것이 좋습니다.

PC 및 프린터 관리

PC 및 프린터를 관리할 때 제일 많이 듣는 이야기는 다음과 같습니다.

"우리는 왜 사과(Apple 맥북) 제품 안 써요?"
"다른 데는 LG나 삼성 제품을 주는데 우리는 왜 이 회사 제품만 써요?"
"너무 느려서 못 쓰겠어요. 더 좋은 PC를 주세요."
"화면이 너무 작아서 못 쓰겠어요. 큰 것으로 바꿔주세요."
"듀얼 스크린으로 하기엔 업무량이 많아요. 트리플 스크린으로 바꿔주세요."

비용을 떠나 맥북, LG, 삼성 제품이 좋은 것은 잘 알고 있습니다. 하드웨어 선정 시 가장 중요한 점은 현재 운영 중인 시스템과의 호환성입니다. 영업 시스템이 iOS에서 돌아가지 않는다면 맥북을 도입하는 것이 큰 의미가 없습니다. 더욱이 동일한 성능의 글로벌 제품이 있는데 공장도 가격마저 저렴하다면 굳이 LG, 삼성제품을 쓸 필요가 없을 것입니다.

PC 속도가 느려지는 이유는 엑셀 파일을 몇 개씩 띄워 놓거나, 업무 시간 중 토렌트로 파일을 다운로드하거나, 웹하드를 사용하거나, 유튜브를 동시 시청하는 등 CPU, 메모리, 하드디스크 등 PC의 리소스를 과도하게 사용하기 때문입니다.

작은 모니터 교체 요청도 빈번하게 들어옵니다. 보급품이 마음에 들지 않으면 사비로 대형 울트라 와이드 모니터를 구매하라고 하면 됩니다. 큰 모니터가 필요한 팀에게는 보급하는 경우도 있습니다. 대부분 동일한 규격의 모니터를 보급했는데 개인적인 취향으로 인해 보급 규정보다 더 크고 더 좋은 모니터를 원할 경우에는 원칙대로 처리해야 합니다.

실무 조직 관리

관리 조직 내 업무 역할로 인한 분쟁 사례를 예로 들어보겠습니다.

어느 날 갑자기 윈도우 OS가 업데이트되면서 현재 사용 중인 복합기의 드라이버가 작동하지 않게 됐습니다. 조치가 필요한 상황이었지만 프린터 제조사에서는 긴급 패치가 나오지 않은 상태였고 현업 직원들의 불만은 극으로 치닫고 있었습니다.

이런 상황에서는 프린터 드라이버와 현재 OS의 호환성 체크를 통해 업무가 원활히 수행되도록 해야 하는데 이상하게 업무가 진행되지 않았습니다. 이때 PC 관리팀장에게서 의외의 이야기를 듣게 됩니다. 프린터 관리 직원과 PC 관리 부서의 업무 협조가 안 된다며 상황을 정리해달라는 요청이었습니다. 당시 프린터를 유지 보수하는 회사와는 별도의 운영 관리 계약이 체결된 상태였습니다. 다음은 PC 관리팀장의 이야기입니다.

"프린터 관리업체에서 새로 피견니온 직원은 PC 연결 시 생기는 문제는 PC상의 문제이므로 프린터 문제 이외에는 점검하지 않겠다고 합니다."

곧바로 프린터 관리업체 영업 대표를 호출해 다음 사항을 요구했습니다.

- 경위서 제출 요청
- PC와 프린터 관리 업무를 분리한 이유
- 직원 문제라면 직원 즉시 교체
- 직원 교체 불가 시 계약 해지 추진

해당 직원은 교체됐으며 이후 수정 협의를 통해 계약서에 '동일 사안 발생 시 고객사 측에서 별도 통보 없이 즉시 해약할 수 있다.'는 단서 조항을 추가했습니다. 사슬은 가장 약한 곳에서 끊어지기 마련입니다. 사소한 일이라도 적극 개입해서 정리해 나가는 것이 전반적인 IT 운영의 가장 중요한 포인트입니다. 큰 재난은 작은 재난의 집합체입니다. IT 생활에서 사소한 일은 존재하지 않습니다. 업무 운영상 사소한 문제점이 지속적으로 생긴다면 재앙으로 발전될 가능성이 높아집니다.

보안 관리

최근 들어 온라인 쇼핑몰 또는 대형 포털 회사에서 대규모 정보 유출이 심심치 않게 발생하고 있습니다. 개인 정보는 보호 규정이 법제화돼 있으며 날로 강화되고 있습니다. 정부 차원의 징벌적 벌금 조항 또한 강화돼 보안 관리가 부실할 경우 엄청난 벌금을 물어야 할 수도 있습니다. 첨단 기술을 보유한 회사의 경우는 이미 오래전부터 강화된 내부 보안 관리 규정 및 지침을 기반으로 운영돼왔습니다. 과거에는 보안에 대한 인식이 낮았지만 지금은 다양한 IT 분야에서 주목 받고 있습니다.

기업의 주요 보안 관리 업무의 이슈는 다음과 같습니다.

- 사내에서 웹하드 접속
- 외부에서 사내 PC 임의대로 접속
- 사내에서 토렌트 구동 가능
- 사내에서 네이버, 다음 등 개인 메일함 접근
- 개인별 복사 및 출력 이력 알 수 없음.
- 모든 사이트 접속 가능
- 서버 백신 없음.
- 서버 패치 제때 하지 않음.
- 임직원 대상 정보 보호 교육 없음.
- 방어율 낮은 저비용의 PC용 백신 사용
- 보안 규정 및 지침을 별도로 관리하지 않음.

예전 상사 중 한 사람은 "만약 보안 이슈가 생기면 내가 모두 책임질 테니 불필요한 비용 지출 건으로 이야기하지 말라."고 말하기도 했습니다. 그러나 시대가 많이 변했습니다. 사이버 보안으로 인한 피해 규모가 엄청나고 심지어 보안 이슈는 회사의 존폐를 결정지을 정도로 중요한 화두가 됐습니다. 2019년 국내외 주요 보안 사고 사례는 다음과 같습니다.

- 2019년 1월 국내 배달 대행 A 업체 개인 정보 2,600만 건 유출
- 2019년 5월 중국 B 업체 480억 원 상당의 암호 화폐 도난
- 2019년 11월 A 마트 개인 정보 5만 건 유출
- 2019년 7월 글로벌 커피 체인 업체 고객 충전금 탈취

사실 특정 회사에서 보안 사고가 발생하더라도 상세한 내용은 언론에 잘 노출되지 않습니다. 회사의 이미지도 있고 모방 범죄를 야기할 수도 있기 때문입니다. 이렇듯 보안 이슈는 과거 해커들이 본인 실력을 과시하기 위한 가벼운 일탈의 개념을 벗어나 심각한 문제를 일으키고 있습니다. 특히 랜섬웨어를 이용한 금품 탈취는 물론 특정 회사의 전산망을 마비시켜 막대한 손실을 입히기도 합니다.

정부에서는 2014년 「정보 통신망 이용 촉진 및 정보 보호 등에 관한 법률(정보 통신망법)」 제정을 통해 일정 규모 이상의 회사에 대해 정보 보호 최고 책임자(Chief Information Security Officer, CISO)를 지정해 정보 통신 서비스 제공자로 하여금 정보 통신 시스템 등에 대한 보안 및 정보의 안전한 관리를 담당하도록 있습니다. CISO 신고 및 지정 의무 대상자는 다음과 같습니다.

- 대기업, 중견기업, 중소기업의 정보 통신 서비스 제공자
- 자본금 1억 원 이하의 부가 통신 사업자를 제외한 모든 전기 통신 사업자
- ISMS 인증을 받아야 하는 정보 통신 제공자

제외 대상은 다음과 같습니다.

- 자본금 1억 원 이하의 부가 통신 사업자
- 소상공인
- ISMS(정보 보호 관리 체계) 인증 의무를 부담하지 않는 소기업(전기 통신 사업자 집적 정보 통신 시설 사업자 제외)

상업적인 목적의 홈페이지를 운영하거나 인터넷 기반 서비스를 제공한다면 정보 통신 서비스 제공자에 해당하며, 영리 행위가 없다 하더라도 그 대상에서 제외되진 않습니다. 지정 미신고 시 벌금은 3,000만 원입니다.

이 같은 상황에서 사이버 보안은 주요 IT 추진 과제화할 수 있는 좋은 소재입니다. 다시 말해서 앞서 언급한 IT 과제 발굴의 중요한 대상이 됩니다. 개인 또는 조직의 대외적인 명분과 회사 입장에서의 실리를 추구할 수 있는 부분이며, 일정 규모 이상의 회사에서 근무하고 보안 분야가 취약하다고 생각하면 주요 IT 추진 과제로 만들어 일정대로 진행하면 됩니다. 업무를 추진하기 위해서는 가장 먼저 사이버 보안에 대해 기본적인 개념을 알아야 합니다. 그래야만 사내 커뮤니케이션 시 불필요한 오해가 생기지 않습니다.

- 보안은 100%가 없다. 해킹 툴과 기법은 진화한다.
- 백신을 개발해도 변종 바이러스는 끊임없이 발생한다.
- 보안의 목적은 피해의 최소화이며 원천 차단이 아니다.
- 보안은 보험의 성격이 강하다.
- 시간의 우선순위를 요하는 분야는 아니지만 잠재적인 보안 위협을 방치할 경우 큰 규모의 재난이 발생한다.
- 보안 전담 팀이 없다면 최소 3명은 구성해야 한다.
- 기술적 보안 2명: 보안 장비 및 솔루션 담당(기획 + 운영)
- 관리적 보안 1명: 캠페인 보안 규정 관리 담당
- 네트워크 담당자도 보안과 항상 동일한 업무 영역에서 일해야 한다.

보안 조직을 구성하기가 여의치 않으면 컨설팅 업체를 통한 1단계 진행이 필요합니다. 컨설팅 업체에서는 "고객사의 보안 실태가 매우 취약하며 취약점을 보완하기 위해서는 반드시 이런 일들을 해야 한다."라는 결론만 도출하면 됩니다. 경영진은 실무진보다 컨설턴트의 이야기를 더욱 신뢰합니다. 화려한 언변과 멋진 파워포인트 자료로 고객들에게 어필하기 때문입니다.

　우리 주변에는 네트워크 업체들끼리 제휴하거나 분사해서 만든 보안 컨설팅 업체들이 많습니다. 이 업체와 별도의 계약을 체결해 진행할 수도 있습니다. 컨설턴트들도 공부하면서 컨설팅을 진행합니다. 모든 정보를 알고 시작하는 것이 아니기 때문입니다. 중요한 정보는 실무 담당자가 직접 제공해야 합니다. 컨설턴트는 자문이나 참고 역할일 뿐, 의사결정권자가 아닙니다. 업무를 주도하는 것은 고객사입니다.

　조직이 구성되고 나면 보안 현황 파악, 영역에 대한 구조화 및 시각화가 필요합니다. 복잡한 보안 레이어를 단순화해 모든 이해당사자의 이해도를 상향 평준화시켜야 합니다. 어렵고 복잡한 개념일수록 단순화시켜 접근하는 게 업무 추진 시 도움이 됩니다. 아무리 복잡한 상황이라도 초등학생도 이해할 수 있을 정도로 간단하게 정리해야 합니다. 또한 10년 후 이 내용을 전혀 모르는 사람이 보더라도 즉시 이해할 수 있는 수준으로 만드는 것이 좋습니다. 내용도 중요하지만 레이아웃도 중요합니다. 문서를 작성하고 난 후 팀 내 동료 또는 부하 직원에게 이 보고서를 보고 느낌이 어떤지 물어봅니다.

　"정신 없어요."

　"무엇을 말하는지 모르겠어요."

　위와 같이 반응했다면 글을 줄이거나, 표로 정리하거나, 색을 바꿔야 합니다. 이 부분이 해결돼야 글의 내용을 전달하는 데 힘을 실을 수 있습니다. 보기 좋은 떡이 먹기도 좋은 법입니다.

　보안은 크게 기술적 보안과 관리적 보안으로 나눕니다. 장비나 솔루션을 이용한 보안 구성이 기술적 보안, 보안 캠페인이나 규정 수립 등 행정적

조치를 통틀어 관리적 보안이라고 합니다. 기술적 보안 구성은 회사마다 다르지만, 크게 서버 영역, 사용자 PC 영역, 웹 서비스 영역(홈페이지 등)으로 구성됩니다. 영역별 필수 장비는 전문가와 상담해 진행하면 됩니다. 영역별 내용은 다음과 같습니다.

서버 영역

회사 내의 업무용 서버에 대한 보안을 관리하는 영역입니다. 수천, 수백만 건의 데이터를 사람이 일일이 모니터링하는 것은 불가능합니다. 따라서 그 역할을 할 수 있는 전문 장비와 솔루션을 도입해야 합니다. 이런 역할을 하는 장비를 보통 '어플라이언스(Appliance)'라고 합니다. 다음은 기술적 보안에 도움이 되는 장비와 솔루션입니다.

- 이메일 시스템 서버가 포함된 사내 시스템의 안전을 위한 스팸 차단 솔루션
- 차세대 방화벽
- IPS 시스템(Intrusion Prevention System) 악성 코드 침입 방지 솔루션
- VPN 장비
- 스펨 메일 차단 솔루션

■ 스팸 메일 차단은 보통 솔루션 업체의 스팸 패턴 데이터베이스를 기반으로 스팸 메일을 특정하고 자동으로 차단하는 구조입니다. '스팸이 아닌 것도 차단되면 어쩌지' 하고 걱정하는 분들도 있습니다만, 차단 후 삭제하는 구조는 아니며 스팸 분류함 내에서 얼마든지 복원할 수 있습니다.

스팸 메일 차단 솔루션 또한 해킹 기술의 발전으로 인해 완벽한 차단을 하지는 못하고 있습니다. 차단 솔루션을 무사히 통과하는 경우도 적지 않습니다. 이를 보완할 수 있는 방법은 꾸준한 캠페인을 통해 해당 메일

에 포함된 링크를 함부로 클릭하거나 첨부 파일을 열어보는 일을 막는 것입니다. 이때에는 관리적 보안의 요소가 가미됩니다. 원천 차단하기에는 메일 시스템의 특성상 한계가 있습니다. 아는 사람이 지인에게 특정한 상품의 링크를 보냈다고 가정한다면 그 메일은 그 시점부터 친목을 위한 안부 메일이 아니라 스팸 메일이 되기 때문입니다. 특히 인보이스의 결제 계좌 번호를 바꿔 비용을 송금토록 하는 스피어 피싱은 스팸 메일을 이용한 범죄의 대표적인 예입니다. 국내 굴지의 기업도 스피어 피싱에 수십억 원을 날린 사례가 있습니다.

- **차세대 방화벽**은 기존 방화벽의 단점인 IP 기반으로만 차단할 수 있는 부분을 개인의 애플리케이션 단위별로 차단할 수 있는 방화벽의 끝판왕이라 할 수 있습니다. 여러 명의 직원이 있을 경우 한 명은 카카오톡만 열어주고 다른 사람은 카카오톡은 차단한 후 페이스북만 열어주고 마지막 사람은 카카오톡과 페이스북을 모두 허용해주는 등 전체 트래픽 검사 및 차단 정책을 선별적으로 적용할 수 있습니다. 비교적 고가의 장비이지만 비용 값을 합니다. 네트워크 공격으로 인한 장애의 포인트를 많이 줄일 수 있으므로 구매하는 것이 좋습니다. 현재 Palo Alto 사의 장비가 월드 마켓(World Market) 1위입니다.

- IPS 장비의 경우, 문서 관리를 예로 들어 방화벽과 그 특징만 간단히 비교하면, 방화벽은 문서의 제목, IPS는 문서의 내용을 차단하는 것입니다. 정상적인 네트워크 데이터에 대해 잘못 탐지(오탐)한 것을 찾아내는 기능도 있습니다. 다른 방화벽 장비들과 함께 사용하는 것이 일반적입니다.

■ VPN은 'Virtual Private Network'의 줄임말로, 일반 인터넷 회선을 전용 선과 같은 보안 등급으로 사용하게 해주는 장비입니다. 사외에 오픈되지 않은 인사/총무 관련 시스템 등에 사외에서 접근할 경우 VPN 장비를 통해 접속합니다. 사내에서만큼은 속도가 나오지 않지만 높은 보안성으로 안전하게 회사의 시스템을 접속하도록 만들어주는 도구입니다. 특히 재택근무가 확대, 의무화돼 시행되고 있는 현시점을 기준으로 VPN 장비는 기업체에서 잘 쓰이는 네트워크 보안 장비로서 중요한 위치를 점유하게 됐습니다. 일반 사용자뿐 아니라 서버 관리자, 네트워크 관리자 등 인프라 관리 인원의 전산 센터 접근을 통한 원격 지원 시에도 유용합니다.

사용자 PC에 대한 보안

에이전트(Agent) 방식으로 구현됩니다. PC 화면의 오른쪽 아래에 '시스템 트레이(System Tray)' 영역이 있습니다. 설치된 에이전트는 PC 부팅 시 시스템 트레이 안에 로드되며 PC를 끄는 시점까지 사용자 PC 안에서 벌어지는 보안 이슈에 대해 실시간으로 대응합니다. 주요 구성 요소로는 매체 제어, 랜섬웨어 방지, 사용자 백신, PC 자산 관리 솔루션이 있습니다.

■ 매체 제어는 개인 PC에서 외장하드나 USB를 사용하지 못하도록 합니다. 읽기만 허용하고 외장하드로의 카피 등을 막을 수 있습니다. 정보의 유출 및 외부 바이러스의 직접적인 침입을 막을 수 있는 솔루션입니다.

■ 랜섬웨어 방지 솔루션은 사용자 PC를 마비시킨 후 돈을 요구하는 해킹 툴을 방지하는 솔루션입니다. 보통 랜섬웨어는 MBR(Master Boot Record)을 점유해 해당 인질 PC를 켜지 못하게 하고 비트코인 등 전자화폐로

IT 업계에서 살아남기

돈을 지불하도록 유도하는데, 돈을 입금해도 해제용 키를 주지 않는 경우가 많습니다. 테러범과는 협상하지 않는다는 미국의 협상 원칙처럼 평소 백업을 잘하고 위험한 사이트 방문이나 낯선 이메일을 열지 않는 것이 최선입니다.

■ PC용 백신은 국내외 잘 알려진 소프트웨어가 많습니다. 시만텍, 카스퍼스키, 안랩 등 회사의 상황에 맞는 솔루션을 선정해 사용하면 됩니다. 어차피 바이러스와 백신은 한발 차이기 때문에 실시간 탐지 및 블록이 되는 것이 좋겠지만 신종 바이러스에 대해 최단 시간 내 패턴을 만들어 대응할 수 있는 업체를 선택하는 것이 좋습니다.

■ PC 모니터링 시스템은 PC 자산의 실시간 파악을 위해 유용하게 사용됩니다. 각 사용자별 CPU, 하드디스크 등 PC 사양 및 리소스 사용 현황 및 회사에서 금지한 소프트웨어 목록 등을 실시간으로 파악할 수 있습니다. 설치 시 컴플라이언스(Compliance) 이슈 등을 야기할 수 있는 위험한 소프트웨어 등을 관리 서버에 등재해 허가 없이 설치된 소프트웨어에 대한 삭제 처리 및 사전 설치 방지 기능을 추가할 수 있습니다. 넷스카우트가 가장 유명하며, PC 관련 정책을 손쉽게 정의하고 전사 배포할 수 있다는 장점이 있습니다.

홈페이지

많은 해커의 먹잇감입니다. 대외에 오픈돼 있기 때문에 해커의 주요 침입 통로로도 활용됩니다. 특히 디도스(Denial-of-service attack, DDOS)와 같은 공격에 취약하므로 언제든 서버가 사망할 수 있는 환경에 놓여 있기도 합니다. 이러한 홈페이지 서비스상의 취약점을 사전에 방지하기 위해서는 웹 방화벽, 유해 사이트 차단, 웹 전용 IPS, 웹 스크래핑 차단 솔루션 등을 운영해야 합니다.

■ 웹 방화벽은 대외에 오픈된 80포트를 통해 들어오는 악성 코드를 차단하는 솔루션입니다. 보통 WAF(Web Application Firewall)라고 합니다. 웹에서 구동되는 애플리케이션 보안을 위한 장비이며 보통 SQL Injection(SQL 쿼리를 가로채 엉뚱한 쿼리를 보내게 하는 공격)이나 디도스 공격 등을 막아냅니다. 방화벽이 '현관문'이라면 웹 방화벽은 '울타리'라고 생각하면 됩니다.

■ 유해 사이트 차단 솔루션은 도박, 사기, 피싱 사이트에 아예 접속하지 못하게 차단하는 솔루션입니다. 관리자가 적용 범위를 선별적으로 조정할 수 있지만 모두의 안전을 위해 공통 정책으로 설정하는 것이 좋습니다. 회사에서 개인 목적의 인터넷은 폰으로 보면 되므로 회사 일은 회사 PC에서만 처리하도록 하는 효과도 있습니다.

■ 웹 전용 IPS의 역할은 서버 영역의 IPS와 동일합니다. 보통 IPS와 방화벽을 같은 조합으로 가져가야 서로 보완하면서 보안 활동을 효율적으로 수행할 수 있습니다.

■ 웹 스크래핑 차단 솔루션은 로봇을 이용해 홈페이지의 특정 메뉴를 자동으로 불러 데이터를 조회하거나 홈페이지에 게시된 글들을 한 번에 긁어오는 시도를 막는 솔루션입니다. 보통 파이썬(Python)과 같은 프로그래밍 방식의 스크래핑 기법을 활용해 타깃 웹 사이트의 데이터를 스크래핑할 수 있습니다. 이러한 시도는 타깃팅된 홈페이지 운영사의 시

스템을 느리게 할 수 있습니다. 웹의 애플리케이션은 보통 회사의 주요 시스템과 연결돼 있습니다. 그러다 보니 1초에 수십 차례의 조회를 여러 개의 로봇이 한 번에 수행 시 시스템은 다운되기 쉽습니다. 이것을 막는 솔루션이 웹 스크래핑 방지 솔루션입니다.

위와 같은 기술직인 구성은 회사별도 비슷합니다. 그러나 기술 구성보다 더욱 중요한 것은 바로 운영 조직입니다. 솔루션과 장비 등은 자동으로 돌아가지 않습니다. 누군가 끊임없이 모니터링해야 하고 정책을 수립해야 하며 잘못된 보안 정책이 있으면 즉시 수정해야 합니다. 업무 시스템에 영향을 미치는 무리한 정책을 개별 튜닝을 통해 완화시키는 등 중요한 역할을 수행합니다.

공통 업무의 장

순응하기 비판

　신입 시절부터 가장 많이 들었던 이야기는 "회사를 위해 모든 것을 바쳐야 한다."는 것입니다. 지금 와서 보니 회사가 아니라 CEO를 의미했던 것이 같습니다. 한동안 애사심이 최대의 미덕이고 절대 선이라 믿었습니다. 그러나 오랜 시간이 지난 후 지금은 그러한 말이 거짓말이라고 생각합니다. 그러한 사상을 기반으로 직원 간 갑질이 수도 없이 자행됐으며 이런 분위기 속에서 항상 부하 직원에게 소리만 지르고 뭔가 어려운 일을 덮어 씌우려던 상사들만 만난 것은 단순히 직원 개개인의 팔자 문제라고 치부할 부분이 아니라는 생각이 들었습니다. 미약한 인사 정책과 비전의 부재로 인한 구조적 문제이고 업무보다는 정치를 하는 직원이 득세하는 데 많은 영향을 미쳤다고 보기 때문입니다.

　최근 입사하는 신입 직원 및 경력 직원을 보면 부러운 점이 많습니다. 젊은 세대라서 그런지 본인들이 납득해야만 일에 착수합니다. 납득하는 과정이 있다는 것은 상사의 입장에서 불편한 점이 하나 더 생긴다는 것을 의미합니다. 뭔가 합리적으로 이유를 설명해야만 업무를 지시할 수 있다는 것입니다. 그러나 이런 분위기가 나쁜 것만은 아닙니다. 자존심을 잠깐 접고 이야기하면 상사의 부족한 부분이 보완되는 경우도 많기 때문입니다.

필자는 토론을 하면서 일하는 것을 선호합니다. 필자의 생각과 다른 명료한 타인의 생각 속에 번뜩이는 아이디어와 효율성을 올릴 수 있는 방법이 존재하기 때문입니다. 아첨하지 않고도 회사에서 오래 생활할 수 있는 방법은 많습니다.

답은 이미 여러분들의 마음속에 있습니다. 불필요하게 남들에게 친절할 필요가 없습니다. 스스로를 믿고 스스로에게 기대는 법을 터득해야 합니다.

건강한 심신 상태 유지

간혹 과로로 인한 근로자들의 사망 사건이 뉴스에 나옵니다.

이들은 누군가의 아버지이자 자식이고 친구입니다. IT와 관련된 업무를 할 때는 항상 긴장해야 합니다. 작은 실수 하나로 수많은 직원과 고객이 피해를 입을 수 있는 상황이 생깁니다. 예를 들어 급여 정산 프로그램이 잘못돼 월급이 반만 나갔다고 가정해 보겠습니다. 엄청난 항의와 비난은 물론 각 임직원 가정의 가계 운영 또한 차질을 빚게 될 것입니다. 몸이 건강하다고 해서 마음이 건강해지는 것은 아닙니다. 스스로 잘 보호하면서 주변의 정치적인 직원을 잘 응대하면 마음의 여유가 생깁니다.

건강의 유지, 특히 건강한 마음 상태의 유지는 앞서 언급한 행복지수를 높이는 과정과 연결돼 있습니다. 스스로 정치적인 직원과 그들이 만든 상황의 재물이 될 경우, 행복지수는 불행 지수로 바뀌고 건강한 생활은 물 건너갑니다.

행복지수는 어느 순간 하늘에서 떨어지는 것이 아니라 부단히 노력하며 상황을 만드는 것에 대한 최종 결과물일 뿐입니다. 일단 건강부터 챙기기 바랍니다. 체력을 바탕으로 미래의 이벤트를 준비해야 합니다. 본인이 건강해야 행복하고 주변 사람에게도 에너지를 줄 수 있습니다. 가정의 행복과 주변 사람의 행복을 원한다면 먼저 행복해지기를 바랍니다.

직원 관리

정치를 좋아하는 직원 상대용으로 본인과 본인의 조직이 하고 있는 업무 현황표를 업데이트하는 것이 좋습니다. 이런 업무 현황의 기본 목적은 조직 운영의 방향성을 잡고 그 안에서 자율적으로 돌아가는 시스템을 만들기 위한 것입니다. 이를 이용해 외부의 불필요한 접근에 대해 방어 논리를 펼칠 수 있습니다. 업무 정의, 역할별·직원별 배분, 결과에 대한 피드백, 중간 간부 사원 선정 후 권한 위임 등은 누구나 생각할 수 있는 단순한 방법인데도 이를 제대로 실행하는 사람은 많지 않습니다. 이 방법을 사용하면 외부의 불필요한 접근을 통제하거나 내부 직원을 관리하는 데 많은 도움을 받을 수 있습니다.

다른 팀에 근무하는 필자의 후배 A는 IT 만물박사입니다. 그는 능력이 출중해서 때로는 중간 관리자의 역할을 하기도 합니다. 어느 날 A의 팀장이 A를 불러 "당신은 내가 시킨 일이나 하고 부하 직원에게 아무런 지시도 하지 말라."고 지시했다고 합니다. 이외에도 본인이 입사가 빠르다며 존칭을 강요하는 사람도 있고, 직급과 경력이 같은데도 뜬금없이 사람을 불러 상사인 자기를 무시하지 말라고 소리를 지르는 사람도 있습니다.

성과에 대한 믿음을 갖고, 직원에 대한 개별 컨트롤을 최소화하면 굳이 권한을 강조하지 않아도 성과가 높아질 수 있습니다.

- 개별 호출은 최소화하고 필요하면 직원 자리에 가서 직접 업무를 지시
- 불필요한 회의 폐지
- 사내 메신저로 업무 지시(2인 이상은 단톡방을 활용)
- 대내외용 보고서는 업무별로 나눠 작성
- 필요하면 직접 원본을 수정(보고서를 들고 왔다갔다하는 것은 비효율적)
- 사소한 것이라도 메신저, 카카오톡 등으로 간단히 알리기

위와 같은 방법만 사용해도 KPI를 달성할 수 있습니다. 상사는 큰 틀만 잡고 나머지는 직원을 믿고 맡겨야 합니다.

물론 부하 직원 중에 정치에 올인하는 직원도 있습니다. 이러한 정치적인 직원의 경우 중책을 맡기게 되면 재난이 발생합니다. 업무에 대한 성과는 없으며 의무는 없지만 권리는 있습니다. 팀 내 중요하지 않은 일을 시키면서 현상 유지만 시키되 주변에 영향력을 행사하려고 하는 시도는 바로 차단해야 합니다. 가장 쉽게 해결되는 방법은 자진 퇴사인데 정치적인 직원은 기본적으로 타 회사에서 일할 능력이 안 되기 때문에 절대 스스로 그만 두지 않습니다. 그리고 평소 다음과 같은 말을 자주 사용합니다.

"나는 목이 마르다. 내 열정과 신념은 회사를 위해 존재한다."
"난 정말 능력이 있는데 저평가돼 있고 아무도 나를 알아주지 않는다."
"아직 나의 능력을 다 펼쳐보지 못했다. 시대가 나를 외면한다."

업무 배분은 업무 역량을 보유한 직원에게 할당돼야 합니다. 특히, 시스템 운영 등에 관련된 업무는 반드시 역량을 보유한 직원에게 할당해야 합니다.

삼국지의 유비는 훌륭한 사람이긴 했지만 유비보다 뛰어난 사람들도 많았습니다. 그런 사람이 어떻게 다른 사람을 지휘했을까요? 인품도 한몫을

했겠지만 유비의 가장 큰 덕목은 부하 장수의 이야기를 귀담아듣고 권한을 부하 장수에게 위임한 것이라 할 수 있습니다.

『삼국지』에서는 유비가 장비의 포악함을 전해 듣고 장비를 만나 눈물을 흘리며 이야기하는 장면이 나옵니다. 군졸들을 너무나 가혹하게 다뤘기 때문입니다. 결국 장비는 부하의 손에 죽게 되는데, 이유는 다음과 같습니다.

장비는 관우가 형주산성에서 전사했다는 소식을 듣고 오나라를 공격하는 동시에 자신의 휘하 10만 병졸에게 죽음을 애도하기 위한 10만 명의 상복을 사흘 안에 준비하라는 명령을 내립니다.

당시 보급 담당이었던 범강과 장달은 시간이 부족하다고 이야기했지만 이를 명령 불복종이라고 생각한 장비는 범강과 장달을 나무에 매달고 50대의 태형을 가한 후 내일까지 준비하지 않으면 처형시키겠다고 이야기합니다. 그 둘은 억울함과 죽음에 대한 공포로 술 취한 장비의 목을 베어 오나라로 투항합니다.

이 이야기가 시사하는 점은 역량 있는 직원을 알아보고 그들에게 적정한 권한 및 역할 분배를 해야 업무가 원활하게 수행된다는 점입니다. 무리한 지시는 반드시 어떤 형태로든 문제가 생길 수밖에 없습니다.

팀에 사람이 많고 관리하는 일의 규모가 클 경우 팀 내에 여러 가지 파트가 생깁니다. 이 경우 부하 직원과 정보를 공유하며 권한을 위임할 수도 있고, 팀 내 조직 체계를 무시하고 개별 직원에게 일일이 업무 지시를 할 수도 있습니다. 후자의 경우 절대로 모든 일에 대한 솔루션을 제공할 수도 없을 뿐 아니라 수행 업무를 하나씩 이해하기도 쉽지 않습니다. 욕심만 과하다고 해서 모든 업무를 잘 수행하기는 어렵습니다.

모든 사람에게 군림할 수는 없지만 모든 사람의 마음을 얻는 방법은 있습니다. 그럴 만한 상황이 아니라면 큰 테마 위주로만 챙기면 됩니다. 관리자 입장에서 핵심 키워드 중심으로 지시하거나 토의하되 중언부언하지 않는 것이 좋습니다.

불리한 상황을 미리 감지하기

조직 내에서는 원하지 않은 상황, 즉 상사가 억지로 일을 시키거나 전에 없던 새로운 역할이 주어지는 등 일상의 평온함을 깨는 이벤트가 발생합니다. 또는 스스로 계획해 추진하는 업무 폄하나 단점만을 짚어서 조목조목 비판하는 등과 같은 돌발 상황이 발생할 수 있습니다.

현대 전투에서 중요한 것은 '정보전'입니다. 지피지기면 백전백승이라는 말처럼 상대방에 대해 알아야 이길 수 있습니다. 정보를 모으는 것은 곳곳에 안테나를 세워 전파를 수집하는 것과 동일합니다. 회사는 특성상 밀실 정치를 하기 힘든 곳입니다. 누군가 무엇을 꾸미고 계획할 경우 당사자들이 아니더라도 주변의 누군가는 그 이야기를 듣기 마련이며 그러한 정보는 소문이라는 형태로 사내에 유통됩니다.

주변에서 흘러 지나가는 말 한마디도 귀담아 들어야 합니다. 평범한 대화 속에 상대방의 본심이 숨어 있을 수도 있습니다. 스스로 책잡힐 만한 내용을 화제의 대상으로 삼아도 안 됩니다. 상대방이 뭔가 더 이야기하도록 해야 합니다. 본인이 불리해질 수 있는 몇 가지 상황을 들어 보겠습니다.

어느 날 특정 프로그램에서 큰 장애가 발생해 업무가 마비되는 사태가 생기게 됩니다. 때마침 그 프로그램의 담당자는 본인입니다. 그 프로그램은 비용 청구를 처리하는 메뉴로 장애가 발생해 해당 월의 비용 마감에 영향을 미쳤습니다. 현업 직원과 상사는 이미 많이 흥분한 상태입니다. 이미 사유서를 써야 하는 상황에 이르렀고 질책을 피할 수는 없는 상황입니다. 프로그램을 잘못 만들었다면 당연히 시말서를 쓰고 욕을 듣고 일단락될 수 있습니다.

장애의 원인이 인프라에 있는 경우에는 충분히 모면할 수 있습니다. 장애가 시스템 리소스 사용 현황에서 발생하고 특정 시간만 되면 프로그램이 느려지거나 정기 리포트에서 CPU 등과 같은 주요 리소스가 높은 사용량을 보일 수 있습니다. 이런 상황을 방치하면 나중에 큰 재난으로 나타나게 됩니다. 홍수 때 둑이 터지는 것은 갑자기 발생하는 일이 아닙니다. 그 몇 주 전부터 금이 가기 시작하고 둑 주변으로 물이 계속 흐르기 시작합니다. 인프라와 관련된 정보는 현업 직원 또는 인프라 담당자로부터 쉽게 받을 수 있습니다. 인프라에 문제가 없다면 프로그램이 최적화돼 있는지 살펴보는 것이 좋습니다.

이렇듯 사내에 떠도는 수많은 정보 중 단서가 있으며 그러한 단서의 의미를 직감적으로 인지해야 합니다. 이러한 역량은 관심과 관찰로 배양되며 평범한 상황이라도 조금의 의구심이 있으면 담당자와의 이야기를 통해 핵심이 무엇인지 쉽게 알 수 있습니다. 즉, 수사에서 이야기하는 '초동 대처'를 생활화하는 것이 중요합니다. 재난을 막기 위한 노력은 행복한 직장 생활로 이어집니다. 세상에 우연은 없기 때문입니다.

어느 날 새로운 역할이 할당됩니다. 그 일은 심지어 아무도 원하지 않고 업무 성과도 없는 일입니다. 상사는 새로운 역할을 할당할 때 강압적인 태도를 취하거나 직원을 치켜세우면서 "당신밖에 이 업무를 수행해줄 사람이 없다."라고 이야기합니다. 만약 상대방의 의도를 간과하고 그 업무를 맡으면 다른 사람의 업무까지 모두 떠안게 되는 상황까지 벌어집니다. 무한 책임의 대상이 돼 강요를 받는 상황이 벌어질 뿐만 아니라 심리적으로 심한 압박을 받게 됩니다.

이 경우에는 "잠깐 생각해보겠다."라며 시간을 끄는 것은 좋지 않습니다. 처음부터 강경하게 거절해야 합니다. 시간을 끌면 긍정의 의미로 받아

IT 업계에서 살아남기

들입니다. 재협상을 하더라도 일단 거절하는 것이 좋습니다. 만약 2차 제안 협상이 진행된다면 현재 수행 업무에 대한 중요도를 100% 비중으로 정리해 대응해야 합니다. 120% 하는 것이 아닌 100% 기준으로 그 일을 맡기 위해 기존의 20% 일을 제외시켜야 한다는 논리입니다.

이런 불필요한 제안의 경우에도 사전에 정보가 흐릅니다. 누가 왜 이런 일을 설계했는지 몇 사람들과 이야기하면 그 내막을 파악할 수 있습니다. 주고받은 이메일을 유심히 확인해 단서를 파악하되, 자료가 없다면 연루돼 있는 사람들과 상담하듯이 가볍게 이야기해보는 것이 필요합니다. 여기서 얻어지는 정보를 통해 대응 준비를 해야 하며, 그 정보를 쉽게 입수하기 힘들다면 본인의 현재 업무와 항목별 소요 시간을 명확히 설명할 수 있어야 합니다. "의지가 없는 것이 아니라 돕고 싶지만 현재의 상황이 어렵다."라며 반복적으로 강조하는 것이 좋습니다. 단순히 한 번 정리하는 것에 그치는 것이 아니라 그 자료를 언제든 활용할 수 있도록 몇 번씩 읽고 다듬으며 준비해야 합니다.

업무를 잘하기 위해서는 본인 자신의 일만 잘하면 되는 것이 아닙니다. 업무의 흐름과 내부에서 유통되는 정보를 계속 관찰해 유리한 상황을 선점해야 하며 불리한 상황이 발생하는 비율을 최소화해야 합니다. 부지런한 사람에게 기회가 더욱 많이 찾아오는 법입니다.

사내 정치 대응 방법 1

필자는 '노동은 정당한 땀의 대가'라는 명제를 믿고 모든 직장 동료들과 잘 지내면 된다는 생각으로 무난하게 지내려고 노력해왔습니다. 정치하는 직원들을 봐도 나의 길이 아니라고 생각했고 별로 신경 쓰지도 않았습니다. 그러나 정치적인 직원이 그들이 만들어 놓은 판에 필자를 멋대로 끼워 맞추는 것을 보면서 '가만히 있으면 밥이 되겠구나.'라는 생각이 들었습니다.

정치적인 직원에게는 타인에 대한 동료애도, 배려도 찾아볼 수 없으며 타인은 오로지 본인들의 안위를 위한 수단일 뿐입니다. 어느 시점부터 필자는 그들을 다른 회사 사람이라고 생각했으며 그들과의 사담 등은 일절 하지 않았습니다. 업무를 위한 최소한의 커뮤니케이션만 유지했고 생활 패턴을 24시간 경계 모드로 바꿨습니다. 직급이 어느 정도 올라가니 고과도 그다지 의미가 없어졌습니다. 필자가 상대하는 사람들은 애사심을 핑계로 다른 직원에게 갑질하는, 자칭 동료라고 불리는 사람들이었습니다. 그 사람들은 명백히 정치(지향적) 직원이며 그들에게는 특정한 패턴이 있습니다.

- 문제가 생길 때 희생양을 찾는다.
- 감성에 호소하며 누구도 맡지 않으려고 하는 일을 전가한다.
- 강자에겐 허리를 펴지 못하고 약자에겐 냉정하며 잔인하다.
- 일부러 무리한 일을 시키면서 상대방의 간을 본다.
- 자기들끼리만 모여 뭔가 정하고 마지막에 출연자를 초청해 확정 짓는다.
- 자신들의 불합리함을 애사심을 내세우며 감춘다.
- 말이 많다.
- 그들의 일을 위해 주변의 모든 인력을 활용한다(잔심부름, 단순 카피 등).
- 본인들이 남들보다 매우 우수하다고 생각한다.
- 특정 사안에 대해 잘 모르는데도 이미 알고 있다며 자세한 설명을 거부한다.
- 디테일함이 없고 대충 이야기하며 타인이 구체화하는 것을 당연하게 생각한다.
- 타인은 본인 삶의 영속성을 위한 도구이며 말이다.

위에서 언급한 사항에 세 가지 항목 이상 해당하는 직원이 있을 경우에는 다음과 같이 상대해야 합니다. 그래야만 그들의 행동 반경을 최대한 억제하는 동시에 불필요한 접근을 통제할 수 있습니다.

- 정보 공유 제한: 아는 내용에 대해 질문할 경우 단답형으로 최소한의 것만 전달한다.
- 증빙 자료 수집: 중요한 사안에 대해서는 반드시 증적 자료 확보가 필요하다.
- 응대 태도 변경: 호의와 배려는 정치를 하지 않는 순수한 직원을 위해 남겨둔다.
- 본인이 하고 있는 업무의 분석 및 파악: KPI가 목적이 아니다. 업무 진행 현황, 역할 등을 분석해 표로 구성한다. 본인들의 애사심을 위해 불합리한 업무 전가에 대한 접근이 있을 때 숙지된 업무 현황표를 통해 업무 전가가 불가함을 인지시킨다.
- 업무 능력 최소화: 팀/파트의 업무에는 최선을 다하고 그 사람들을 위한 업무에는 소극적으로 임한다. 시간을 끌거나 별로인 결과물을 만들어 가면 다른 직원을 찾을 것이다.
- 업무에 대한 정확한 구분: 모호한 업무의 경우 수행할 필요가 없다. 그 사람들이 감성에 호소하며 접근해도 그것은 본인들을 위한 것이지 공공의 선을 위한 것이 아니다. 그들의 태도와 말투에 속지 말기 바란다. 필요한 일이 있으면 직접 찾아 추진하는 것을 권장한다. 누군가 당신을 명백한 이유도 없이 싫어한다면 그 사람에게 당신을 싫어할 이유를 제대로 심어주면 된다.

가장 강조하고 싶은 부분은 정치적인 직원의 본질은 절대 변하지 않는다는 것입니다. '뭔가 사정이 있겠지.'하며 이해하는 순간 당신은 그들의 희생양이 되고, 당신의 순진한 마음과 무한한 능력은 그들의 일신 영달을 위해 이용당하게 됩니다.

혹자는 '자리가 사람을 만든다.'라고 이야기합니다. 절대 그렇지 않습니다. 지금도 제 주변에 있는 정치적인 직원을 보면 10여 년 전이나 지금이나 변한 것은 없습니다. 한마디로 원래 그런 사람인 것입니다. 멍청한데 부지런한 상사도 있습니다. 차라리 그런 사람은 순진한 면이라도 있습니다. 무엇을 생각하고 있는지 바로 파악할 수 있기 때문입니다.

회사 내의 정치적인 직원은 상당히 교활합니다. 마치 당연한 듯이 주변의 리소스를 사용합니다. 그 사람에겐 말과 주장이 가장 중요합니다. 문서 등 증적 자료를 잘 남기지 않는 것도 중요한 특징입니다. 그 사람은 동료도 아니고, 상사도 아닌 타사 직원이라는 점을 항상 잊지 말아야 합니다. 정치적인 직원을 위해 인생을 허비할 필요는 전혀 없습니다. 그 인생을 절약해 친구들과 가족들을 위해 값지게 쓰는 것이 더욱더 가치 있는 일입니다.

사내 정치 대응 방법 2

이번에 다룰 부분은 사내 정치 대응 방법의 심화 단계입니다. 이 부분은 사회 초년생 시기라도 유심히 살펴봐야 하는 부분입니다. '왜 피곤하게 사내 정치를 고민해야 하는가?'라고 반문할 수 있습니다. 또는 '다 좋게 생활하면 되는 것 아닌가?'하고 이야기할 수도 있습니다. 하지만 회사 생활에 '그냥 좋은 것'은 아무것도 없습니다. 사소한 부분에 대해서라도 특정인의 이익에 영향을 주는 부분과 사실을 호도하는 부분에 대해서는 적극적으로 개입 및 대응해야 합니다. 사내 정치에 대응이 중요한 이유는 크게 세 가지로 볼 수 있습니다.

첫째, 회사 내 본인의 입지 유지를 위해서
둘째, 행복한 업무 활동을 영위하기 위해서
셋째, 본인이 속해 있는 조직과 가족과 지인들을 위해서

본인이 정치 성향이 없어서 무관심으로 일관할 수도 있으며 자기의 일만 열심히 하겠다고 이야기할 수도 있습니다. 그러나 이것은 정치의 생리를 모르고 하는 말입니다. 상대방은 마치 하이에나처럼 접근합니다. IT 특성상 내부의 정치에 대한 대응은 IT 지식을 근간으로 해야 합니다. 어설픈 대응은 오히려 처절한 패배로 남을 수 있기 때문입니다. 업무를 정확하게 알지 못하면 대응할 수 없습니다. 정치의 본질에 대해 정의해보겠습니다.

정치는 항일 독립군도, 매국노도 만들 수 있습니다. 화합은 형식이며 본

질적으로는 의사 관철을 위해 주변의 모든 리소스를 활용하고 걸림돌이 되는 정적을 제거하는 것을 목표로 합니다. 절대다수의 공공선은 없습니다. 개인이 누려야 할 이익의 몫이 더욱 중요하기 때문입니다. 효율적으로 대응하기 위한 팁은 다음과 같습니다.

본인의 입지 확보하기

회사 내의 역할은 수행하고 있는 업무의 가치를 기준으로 평가받게 됩니다. 이것이 바로 회사 생활을 영위하는 이유입니다. 업무의 가치는 고과로 환산되며 고과는 정량적 측면으로 평가 시 수치화할 수 있는 객관적 기준을 준용합니다. 일상의 업무는 고과 평가 항목 중 하나의 구성 요소라고 할 수 있습니다. 눈에 드러나지 않는 일상의 업무도 이 안에 속해 있습니다. 당신이 문제 없이 관리·운영하는 업무가 있는데 타 팀에서 그 업무 때문에 다른 오류가 생겼다며 클레임을 걸어오는 경우에는 어떻게 대처해야 할까요? 그 부서나 직원이 클레임을 제기한 이유는 정말 잘못됐거나 클레임을 통해 그 사람들이 하고 있는 업무의 실수를 덮으려고 하기 때문입니다.

정말 잘못된 경우에는 보통 실무자 레벨로 먼저 문의가 들어와 해결 방안을 모색하거나 재발 방지 방안을 찾게 됩니다. 그러나 이런 실무의 절차를 건너뛰고 전체 메일을 보낸다거나 임원 회의 자료에 이런 부분을 포함시키는 것은 불순한 의도가 숨어 있기 때문입니다. 이 경우, '오해가 있는 것 같으니 고생은 내가 좀 더 하고 그 사람을 이해시켜야겠어.'라고 생각하는 사람은 회사 정치의 생리를 모르는 순진무구한 사람입니다. 이러한 접근에는 좀 더 적극적이고 공격적인 행동 방식이 필요합니다. 다음 체크리스트를 참조하시기 바랍니다.

- 상대방이 이슈화시키려는 의도 파악
- 현재 관리 중인 시스템 운영 관련 현황 긴급 분석
- 관련 팀 종사자들로부터 증언 수집
- 실장 또는 본부장급 임원을 대상으로 해당 내용을 적극 어필
- 필요한 경우 다른 팀 팀장 및 임원 개별 면담
- 해당 이슈화에 대한 정리 자료(육하원칙, 상대방 논리의 허점 파악)
- 이해당사자에 대한 정리 자료 발송 및 개별 미팅

위 체크리스트의 목적은 사실의 진위를 알고자 하는 것이 아닙니다. 외부의 불필요한 공격에 대해 전방위적으로 대응하는 것이며 이슈를 제기한 측을 대상으로 두 번 다시 같은 종류의 접근을 하지 못하도록 기선을 제압하는 것입니다.

사람의 행동과 말은 의사 표시를 하는 데 사용하는 것입니다. 하지만 정치적인 직원의 경우, 상황에 따라 사람에 대한 간을 봅니다. 슬쩍 접근해서 반응을 본 후 아무런 대항이 없을 경우 더 큰 이벤트를 만듭니다. 심지어 상황을 설계해서 먹잇감이 덫에 걸리도록 유도합니다.

'설마 회사에서 저 정도까지 할까?'하고 생각할 수도 있지만 정치적인 직원은 지금 이 순간에도 활동하고 있다는 것을 명심해야 합니다. 중요한 점은 손쉬운 먹잇감이 되지 않는 것이고, 여의치 않을 경우 화력을 총동원해 다시 그런 일을 벌이지 않도록 상황을 완벽하게 정리해야 합니다. 처음에 쉽게 상황을 받아들이고 시인하면 그다음 관련된 비슷한 일이 발생할 때마다 계속 이런 일들이 반복될 것입니다.

공개적인 공격과 비난에 대해서는 그 이상의 공격과 맞대응을 해야 다시는 똑같은 상황이 생기지 않습니다. 그렇지 않으면 퇴사하는 날까지 그러한 상황은 끊임없이 반복됩니다. 공격을 방어하는 것이 중요한 게 아닙니다. 반격 후 회생하지 못하도록 집중 포화가 필요합니다. 논리와 절차로 충분히 대응할 수 있는 부분이며 그런 대응이 타이밍 맞춰 적절히 시행되

지 않으면 당신의 입지는 그 회사에 없습니다. 절대 그들의 상황 설계에 엮여 그들이 원하는 바를 손에 쥐어주면 안 됩니다. 그들이 원하는 것을 꾸준히 맞춰주면 결국 당신의 입지는 그 회사 내에서 영원히 사라질 것입니다.

행복한 직장 생활 만들기

매일 이해관계가 다른 사람에게 시달리는 것도 모자라 걸핏하면 '당신이 문제다.'라고 이야기하는 사람들과는 절대 행복한 업무 생활을 영위할 수 없습니다. 회사 내 입지를 만들고 굳혀 나가는 과정은 회사 내 행복을 추구하는 과정과도 일맥상통합니다. 물론 상황에 따라 적극 대응 및 개입하는 시점을 조금 늦출 수는 있습니다. 하지만 '그냥 좋은 것이 좋은 거지.' 하면서 지나가면 안 됩니다. 결국 그들은 언젠가는 그 영역을 다시 침범할 것입니다.

예를 들어 전체 회의 석상에서 누군가가 "공장별 주간 실적 집계 분석은 A 팀의 역할"이라고 이야기했다고 가정해 보겠습니다. 실적 집계 업무는 A와 B 팀이 엮여 있으며 심지어 업무의 역할은 B 팀이 90% 이상을 차지합니다. 하지만 그 정황을 알면서도 A 팀에서 해당 시점에 적절히 대응하지 않고 다음과 같이 생각할 수 있습니다.

"진실은 언젠가 밝혀지겠지. 그냥 대응하지 말아야겠어."

A팀에서는 가벼운 해프닝 정도로 여기고 무시하기로 합니다. 그러나 초기에 적극적으로 대응하지 않으면 타 팀의 팀장들은 B팀의 주장을 적극 수용해 그것에 맞게 의사결정을 내릴 수 있습니다. 간단히 말해 다음 주에 A 팀은 제대로 일도 하지 못하는 파렴치한 팀으로 전락해 있을 수 있습니다.

좋은 것이 좋은 것이 아닙니다. 불필요하게 타 팀과의 관계를 좋게 하기 위해 억지로 어울릴 필요도 없습니다. 귀찮음과 어설픈 호의는 본인 및 본인의 조직을 불행한 생활로 이끌어가는 첩경이 될 수 있습니다.

행복을 위해 관찰하고 생각을 계속해야 합니다. 평소에 그렇게 분석한 상황을 현재 수행하고 있는 업무와 관련지어 항상 대비해야 합니다. 깨어 있지 않으면 그들의 희생양이 돼 불행해지는 것은 시간 문제입니다. 당신이 동료라고 생각하는 사람들이 당신과 같은 생각을 가질 수는 없습니다. 웃음과 가벼운 농담은 그 자리를 부드럽게 하기 위한 양념이며 결코 그것으로 업무 수행을 위한 타인 판단에 대한 기준점으로 간주하면 안 됩니다. 항상 이 점을 명심하시기 바랍니다. 그들은 명백한 타인이며 그들의 접근에 대해 항상 사주 경계를 철저히 해야 합니다. 그들을 위해 본인의 인생이 허비 당하는 일은 없어야 합니다.

적극적으로 대응하는 것의 필요성

쉬운 먹잇감이 돼 이용당하는 사람이 결코 행복해질 수 없으며, 본인이 행복하지 않게 되면 친목을 위한 마음의 여유를 상실합니다. 이것은 연쇄 반응을 일으켜 본인 조직 및 가정과 지인과의 관계에도 영향을 주게 됩니다. 불행과 어두운 마음은 전파됩니다. 모두를 위해 절대 손쉬운 먹잇감이 되면 안 되고 두 눈을 크게 뜨고 항상 주변을 관찰하기 바랍니다. 또한 여러 사람 이야기를 경청해 시야를 넓히는 것도 중요합니다. 눈과 귀를 닫은 자에게 사내 정치 활동에 대한 효율적 대응은 사치입니다.

맺는글

　'IT에서 살아남기'라는 과제는 필자뿐 아니라 IT 운영 및 기획 분야에 종사하는 사람들을 위한 가이드가 있으면 좋겠다는 고민에서 출발했습니다. 교과서에서 배우는 자아실현은 사실 실생활에 하나도 도움이 안 되는 쓸모없는 이야기입니다. 핵심 사항은 '실제 업무 활동 과정에서 주변의 상황을 얼마나 잘 컨트롤할 수 있는가?', '주변의 다양한 이벤트에 어떻게 하면 효과적으로 대응할 수 있는가?'입니다. 굳이 자아실현에 의미를 둔다면 개개인의 삶의 질을 향상시키는 것에 의의가 있고 조직을 위한 불필요한 희생과는 무관합니다. 내가 존재해야 회사도 존재하는 것입니다.

　'설마 이런 일이 회사에서 어떻게 발생하겠어?' 하고 의심하는 분들도 있을 것입니다. 이 점에 대해서는 분명하게 이야기할 수 있습니다. 실사례이며 현재 진행형의 일이라고 말입니다. 이 책에 담지 못한 에피소드도 제법 많습니다. 당신이 선임 사원이라면 실무진에게 권한과 역할을 더 할애하되, 거시적인 측면에서 큰 테마 수립을 통해 생애 전환기의 다음 단계를 준비하는 것이 중요합니다. 이를 통해 개인의 조직 내 입지가 확고해져 행복한 직장 생활을 하셨으면 합니다.

　IT 업계 초년생이거나 IT 취업 준비생의 입장에서는 현실과 동떨어진 이야기처럼 들릴 수도 있습니다. 하지만 한 가지 분명한 사실은 이러한 일을 언젠가는 겪게 된다는 것입니다. 다양한 에피소드의 객체도 될 수 있고, 주체도 될 수 있습니다. 이 과정에서 '신입이니 그럴 수도 있지, 내가 이해하자.'라고 생각해서는 안 됩니다. 정도의 차이는 있겠지만 누구나 겪을 수 있는 일입니다. 철저한 사전 대응 및 준비를 통해 잘못을 최소화하는 동시에 미래에 대한 준비가 필요합니다.

당연한 이야기이지만 향후 몇 년을 위한 다음 시대의 과제는 현실 수행 중인 업무에 답이 있습니다. 따라서 IT 트렌드를 지속적으로 관찰해야 합니다. IDG나 전자신문 등이 그 답이 될 수 있습니다. 또한 운영 관리 중인 IT 업무 속에서 고도화 및 신규 개발 등 테마를 선정할 수 있습니다. 이런 테마에 대해 역량 있는 직원과 함께 기획을 수립해야 합니다. IT 예산 편성과 동시에 분기 단위로 대략적으로 추진 일정을 잡으면 됩니다. 수행 중인 업무를 테마화하기 막연한 업무는 제외하는 것을 권장합니다. 현재의 막연한 테마가 나중에 저절로 구체화되지는 않습니다. 모든 것을 부각시키기는 어려우므로 선택과 집중이 필요합니다. 상사에게 있어서 단순한 유지 보수성 업무는 흥미 있는 소재가 아닙니다. 그들 또한 회사 내 존재의 이유가 있어야 하므로 상생의 의미에서 아이디어를 공유하는 것이 필요합니다.

일상의 업무는 가능한 한 쉽고 단순 명료하게 진행해야 합니다. 그러나 본인만 일을 열심히 한다고 해서 모든 일이 원활하게 되는 것은 아닙니다. 주변 상황에 항상 촉각을 세워야 합니다. 누군가 무엇을 이야기하면 반드시 그 의도나 상황에 대한 분석해야 합니다.

회사 내에서는 가벼운 잡담이 존재하지 않습니다. 누구나 분명한 의도가 있으며, 그것을 실현하고자 합니다. 이야기를 듣는 사람 또한 누구나 그런 접근에 대해 실시간으로 대처해야 합니다. '그냥 놔두면 어떻게 되겠지.'라는 말은 본인이 생활하고 있는 직장 공간에서는 해당하지 않습니다. 민감하게 대응하는 만큼 생활의 질은 올라갈 것입니다.

IT에서 살아남는다는 것은 주어진 업무를 원활하게 처리하고 주변의 방해 요인들을 제거하며 건강하게 생활하는 것을 말합니다. 각자 처한 상황에 맞는 대처가 필요합니다. 상황에 맞게 해결할 수 있는 방법은 반드시 존재합니다. 물론 회사 생활이 영원한 것은 아닙니다. 그러나 회사에 속해 있는 동안에는 어떤 풍파에도 흔들리지 않는 나무뿌리 같은 굳건한 삶이

유지돼야 한다고 생각합니다. 또한 필자가 겪은 시행착오가 그 누구에게도 되풀이되는 것을 원하지 않습니다. 누군가는 매일 겪고 있는 상황일 것이며 또한 누군가에게는 미래에 겪을 일이기 때문입니다.

본인의 방어 요새를 만드는 것이 중요합니다. 크리스토퍼 놀란 감독의 〈인셉션〉에서는 타인의 꿈을 해킹하려고 할 때 방어기제가 기차 형태로 나와 차를 밀어버리기도 하고 특공대의 형태로 침입자들에게 기관총을 난사하기도 합니다. '참다 보면 언젠가는 나아지겠지.'라고 생각할 수도 있지만 평화와 권리는 쉽게 얻어지는 것이 아닙니다. 프랑스 혁명이 일어나지 않았다면 아직도 프랑스는 귀족 지배하에 있을 것이고 나치의 침략에 연합군이 대응하지 않았다면 유럽은 나치 독일의 단일 국가로 통일돼 있을 것입니다.

IT 업계에 몸담고 있는 여러분의 건승을 기원하며 이 책이 여러분들의 인생에 조금이라도 도움이 되길 바랍니다.